中外合作办学
质量保障体系建设

主　编　王晓辉　张胜强

东北大学出版社
·沈阳·

U0677805

ⓒ 王晓辉　张胜强　**2023**

图书在版编目（CIP）数据

中外合作办学质量保障体系建设 ／ 王晓辉，张胜强
主编 . — 沈阳：东北大学出版社，2023.11
　　ISBN 978-7-5517-3435-6

　　Ⅰ . ①中… Ⅱ . ①王… ②张… Ⅲ . ①国际合作—联
合办学—教学质量—保障体系—体系建设—中国 Ⅳ .
①G522.7

中国国家版本馆 CIP 数据核字（2023）第 241250 号

出　版　者：东北大学出版社
　　　　　　地址：沈阳市和平区文化路三号巷 11 号
　　　　　　邮编：110819
　　　　　　电话：024-83680176（总编室）　83687331（营销部）
　　　　　　传真：024-83687332（总编室）　83680180（营销部）
　　　　　　网址：http://www.neupress.com
　　　　　　E-mail: neuph@neupress.com
印　刷　者：辽宁一诺广告印务有限公司
发　行　者：东北大学出版社
幅面尺寸：185 mm×260 mm
印　　张：8.25
字　　数：186 千字
出版时间：2023 年 11 月第 1 版
印刷时间：2023 年 11 月第 1 次印刷
策划编辑：牛连功
责任编辑：张庆琼　王　佳
责任校对：王　旭
封面设计：潘正一

ISBN 978-7-5517-3435-6　　　　　　　　　　　定　价：36.00 元

前 言

    中外合作办学是高等教育的重要组成部分。这种办学模式不仅可以引进国外先进的教育资源，提高国内高等教育的质量和水平，而且可以促进国际间的学术交流与合作，推动我国高等教育走向世界。然而，中外合作办学也面临着许多挑战和问题，其中最为关键的问题之一是如何保障教学质量。教学质量是高等教育的生命线，也是中外合作办学可持续发展的基石。因此，建设一套完善的教学质量保障体系至关重要。本书共收录了19篇关于中外合作办学教学质量保障体系建设的论文。这些论文从多个角度和层面探讨了教学质量保障体系的建设问题。

1. 明确培养目标，切实提升办学水平

    中外合作办学要明确培养目标，真正引进国际优质教育资源，切实提高办学水平。国际化人才的培养目标应与我国教育的基本目标一致，即"应当符合中国教育事业发展的需要，保证教育教学质量，致力于培养中国社会主义建设事业的各类人才"的目标要求。辽宁省在中外合作办学方面，应结合国内及东北老工业基地振兴的人才需求，按照辽宁省政府关于培养现代国际商务人才的教育发展战略目标要求，坚持在符合中国教育方针的前提下，整合中西方优质教育资源，为国家和地方经济建设与社会发展培养人才。

2. 建立先进的国际化培养模式与教学体系

    建设中外合作办学教学质量保障体系的目的是要建立先进的国际化培养模式与教学体系，充分利用中外合作办学、国际交流项目，采取多种培养模式，在教学体系的完善过程中充分借鉴国外优势学科的建设经验，进行教材、授课内容的中外融合，取长补短，建设先进的国际化教学体系。

3. 打造国际化师资队伍

    要加快国内教师国际化进程，建立骨干教师国外交流学习的长效机制；要加大教育经费投入，帮助高校积极创建国际科研合作平台；要加快推进国际学术交流与合作项目，加快建设较高水平的科研人才培养基地；等等。

4. 避免同质化，形成办学特色

    根据人才培养目标，在保障教学质量的同时，以中外高校的优势为基础，将本土模式与国际模式相融合，逐步在人才培养、学科发展、教学方法、教学运行等方面形成中外合作办学单位的各自特色。

本书论文的作者为多年从事高等教育教学与研究的专家学者，他们具有丰富的教育教学经验和深厚的研究背景。他们从不同的角度对中外合作办学教学质量保障体系进行了深入的研究和探讨，既有理论研究的分析，也有实践经验的分享。这些论文不仅能为读者提供中外合作办学教学质量保障体系建设的全新视角，而且能为政策制定者、教育机构负责人及教师提供有价值的参考，以促进中外合作办学可持续发展。希望本书的出版，能够进一步推动中外合作办学教学质量保障体系的建设与发展，为培养具有国际视野和跨文化交际能力的高素质人才做出贡献。

本书是"2022年度辽宁省普通高等教育本科教学改革研究一般项目'中外合作办学教学质量保障体系建设研究'"的成果，得到了辽宁省教育厅的立项及资助。在此对所有参与本书编写的专家和学者表示由衷的感谢。

编　者

2023年10月

目 录

中外合作办学教学质量保障体系研究

——以辽宁大学新华国际商学院为例

◎ 张胜强

（辽宁大学新华国际商学院）

摘要： 中外合作办学人才培养为我国高等教育发展做出了重大贡献，但中外合作办学的教学质量仍然影响着中外合作办学的高质量发展。因此，建立科学的中外合作办学教学质量保障体系，对中外合作办学的人才培养具有重要意义。本文介绍了中外合作办学教学质量现状，并分析其存在的问题，探讨如何保障中外合作办学的教学质量，以及如何构建完善的中外合作办学教学质量保障体系。同时，以辽宁大学新华国际商学院为例，通过对该办学机构教学质量保障体系构建的实践分析，提炼中外合作办学教学质量保障体系构建的要点。

关键词： 中外合作办学；人才培养；教学质量保障体系

◆ 一、引言

中外合作办学是中国教育机构与外国教育机构在学科、专业、课程等方面开展合作，以中国学生为主要招生对象的教育教学活动，是跨国办学在中国的一种表现形式。中外合作办学的主体有中外合作办学机构和中外合作办学项目两种。通过中外合作办学，双方教育机构可以增进了解，在课程、师资、教育理念方面实现资源共享，并学习借鉴双方的优秀经验。中外合作办学通过引进外国优质教育资源，培养高质量的高等教育人才[1]。

辽宁大学新华国际商学院（以下简称"学院"）是由辽宁大学与英国德蒙福特大学（De Montfort University，以下简称"德大"）共同建立、香港新华集团支持的中外合作办学机构。目前采取"2+2""3+1""4+0"的人才培养模式。学院设立工商管理、会计学和市场营销三个专业，以努力培养德智体美劳全面发展的社会主义事业建设者和接班人为指导思想，以培养具有国际视野、创新精神和社会责任感的复合型商科人才为目标。学院凭借特色的办学模式、高水平的师资力量、健全的教学质量保障体系，获得众多学生与家长的认同。本文旨在结合学院教学质量保障体系运行实践，完善中外合作办学教学质量保障体系。

◆ 二、中外合作办学的背景

自20世纪80年代开始，在对外开放政策的推动下，高等教育的国际化人才培养进入良性发展轨道。1985年中共中央颁布《中共中央关于教育体制改革的决定》，1993年中共中央、国务院印发《中国教育改革和发展纲要》，1995年国家教委发布《中外合作办学暂行规定》，这些文件都为培养国际化人才提供了相关法律依据，使中外合作办学迅速发展。2001年中国加入世界贸易组织后，对国际化人才的需求进一步增加。2003年，国务院公布了第一部关于中外合作办学的行政法规《中华人民共和国中外合作办学条例》；2004年，教育部公布《中华人民共和国中外合作办学条例实施办法》。这两部法规为我国中外合作办学提供了法律保障，使中外合作办学走向新阶段。2005年，教育部在《2005年中国教育改革与发展的思路和举措》中明确指出，要加强对中外合作办学的管理，规范中外合作办学[2]。

历经多年的发展，中外合作办学已成为提升高等教育国际竞争力和培养国际化人才的重要平台。2010年发布的《国家中长期教育改革和发展规划纲要（2010—2020年）》为中外合作办学带来了全新的发展机遇。中外合作办学教育教学业已成为高等教育日益关注的领域，尤其是在2010年之后，涉及中外合作办学教育教学的研究论文显著增多。截至2023年7月，中国知网（CNKI）中可检索到超过3600篇有关中外合作办学教育教学研究的论文，研究内容涉猎中外合作办学的发展模式和意义、国外优质教育资源的引进和利用、办学理念及办学经验的实证研究、中外合作办学学生管理、师资发展和人才培养模式等五个主要方面。相比较而言，有关中外合作办学教学质量保障体系的研究论文尚少，仅有70余篇。

◆ 三、中外合作办学教学质量保障的现状及存在的问题

教学质量是中外合作办学人才培养的立足点。坚持中外合作办学人才培养教学质量观，有利于高质量人才培养模式的构建、教学资源的有效配置及教学质量保障体系的形成。

中外合作办学的主要合作方通常选择教学和学术资源丰富、教学质量和研究水平较高的国家（如美国、英国、澳大利亚、加拿大等）的高等学校。由于中西方文化的差

异，中外合作办学双方在教育体系、教育理念、质量观念等方面存在差异，在中外合作办学实际运行过程中，在教学目标、课程设置、教学质量控制和教学质量评估等方面可能会出现衔接不畅和合作脱节等现象。尤其是面对中外合作办学人才培养模式创新挑战时，更易暴露中外合作办学教学质量保障体系存在的缺陷。人才培养质量是高等教育的生命线，为提高人才培养质量，中外合作办学要加强教学质量的管理和控制，不断提高教学质量和水平。从现状来看，教学质量保障体系的突出问题有以下四个方面。

（一）教学质量保障理念和意识尚未到位

中外合作办学为学生提供了更广阔的学习机会，也为我国高等教育注入了新的活力。随着这种办学模式的快速发展，教学质量保障理念存在的问题也日益凸显。中外合作办学通常涉及两种不同的教育体系和文化背景，双方的教育理念、教学方法和评估标准可能存在较大差异，在合作办学过程中会出现理念冲突、沟通障碍等问题；教学质量评估标准缺乏统一性、课程内容的衔接性不足、教师素质参差不齐等问题都可能影响教学质量。因此，健全中外合作办学教学质量保障体系的理念和意识需要强化。

（二）优质教学资源尚未充分利用

中外合作办学优质教学资源是指中外合作办学机构或项目在教育教学过程中所拥有的、能够促进教学质量和提升学生学习效果的各种资源。这些资源包括软硬件设施、师资力量、课程设置、教学方法、教学资源等。现有的中外合作办学教学资源一般是沿用合作院校原版的教学大纲、课件、教材、教案、评价体系等。目前，中外合作办学在硬件设施和软件资源共享、师资队伍建设、课程设置和教学方法优化、教学资源开发及教学资源共享平台建设等方面，尚未能够充分利用国外优质教学资源。

（三）专属的教学质量监控及评估体系尚未完善

完善的教学质量监控和评估体系能够有效提高教学质量，促进中外合作办学健康发展。相较于日趋成熟的普通高校本科教学质量评估体系，中外合作办学尚缺乏专门性、针对性、健全的教学质量监控及评估体系。缺乏完善的教学质量监控和评估体系会产生一系列问题，如无法准确衡量和评估中外合作办学的教学质量水平；学生可能无法获得充分的信息评估课程质量；教学资源不能充分利用，无法充分发挥资源优势；教师缺乏反馈和指导，难以了解自身的教学效果，从而难以提升教学水平；等等。在中外合作办学的教学质量管理中，一般直接采用普通本科高校质量监控及评估体系和程序，专属的理论性和实践性俱佳的中外合作办学教学质量监控及评估体系有待完善。

（四）国际化的师资及管理队伍建设亟待加强

第一，从师资队伍来看，中外合作办学需要具备一定数量的中外专业教师，以满足课程设置和教学需求。目前，由于缺乏稳定的资金支持、政策保障和招聘渠道，导致外籍教师数量不足，难以满足教学需求。中方教师不仅需要具备相关领域的学术背景和良好的语言能力，而且需要具备国际化教学理念、教学方法和国际视野，以及对国外优质教学资源的理解、传授、解释等环节的驾驭能力。

第二，从管理队伍来看，中外合作办学对学生的思想意识、行为管理、跨文化交际能力等均有更高要求，相应的对教学管理队伍提出了新挑战。中外合作办学的管理队伍在国际化视野、语言能力、文化理解、国际教育资源利用、跨文化交际能力等方面存在短板。

从整体来看，中外合作办学的师资及管理队伍建设仍有不足，师资及管理队伍亟待变革和完善。

◆ 四、中外合作办学人才培养的教学质量保障体系建设

国际化人才培养质量是中外合作办学发展的重要推动因素。通过树立国际化人才培养质量保障理念、优化国外教学资源、建立专属的教学质量监控和评估体系、打造国际化师资队伍等方面的工作，能够更好地实现国际化人才培养的目标。

（一）树立中外合作办学国际化人才培养质量保障理念

中外合作办学人才培养的本质在于培养具有国际意识、专业能力、创新能力、跨文化交际能力及国际竞争能力的特殊人才。人才培养质量保障理念是中外合作办学的灵魂，它体现了人才培养定位、方向和办学特色，是检验中外合作办学运行成果的重要指标。人才培养质量保障涉及人才培养目标制定、师资力量、课程设计、教学方法、资源提供、评估机制等环节。通过系统的规划和执行，能够确保和提高人才培养质量。树立人才培养质量保障理念，有助于明确人才培养方向，优化课程教学设计，提升教学品质，激发师资队伍的教学动力。中外合作办学从一开始就要树立教学质量保障理念，着力思考培养什么样的国际化人才、如何培养优质国际化人才、如何保障人才培养的质量等环环相扣的问题。

（二）优化国外教学资源，提升教学设计水平

通过中外合作办学筛选、分类、整理与人才培养目标相符的可用国外教学资源，并按照教学计划和课程设置进行合理的分配。中外合作办学可以引进国外优质的教学资源，包括先进的教学理念、教学方法、教材和课程等，可将国外的教学资料、教学方法、教学案例等引入国内教学。

1. 教学思维：以批判性思维和创造性思维为整体教学设计的前提

引入中外合作办学资源时，需要有批判性思维和创造性思维，以确保有效利用和整

合资源，提高教育质量。第一，在引入中外合作办学资源时，需要对资源进行深入分析和评估，以确保资源的有效性和适用性。这包括对课程、教材、教师、教学方法、评估方式等方面的评估和比较。批判性思维可以帮助识别资源中的潜在问题和挑战，并在整合资源时做出更有效的决策。第二，引入中外合作办学资源时，需要利用创造性思维开拓新的教学途径和方式，包括开发新课程和项目、引进新的教学方法、探索新的教学评估和质量控制方法等。

2. 教学资源应用：进行国外教学资源的本土化改造和衔接

在中外合作办学过程中，引进国外教学资源时应考虑本校的实际情况和需求，制定适合本校的教学计划和课程设置，并确保这些资源与本校的教学体系和培养目标相匹配；应建立一个完善的衔接机制，确保国外教学资源能够与本校的教学资源有效衔接，包括教学计划、课程设置、课程大纲、课程描述、教材选择、教学方法等方面的衔接；应针对我国学生的学习习惯、思维特点、语言水平、学习模式，提出衔接方案，架设学习桥梁。

3. 教学方式及学习方式：师生双向转型

中外合作办学要坚持教学方式及学习方式师生双向转型的教学理念，让教师和学生进行充分的互动和合作，以实现更好的教学效果。在这种教学理念下，教师的教学方式不再仅仅是传统的讲授式教学，而是采用多种教学方法和手段（如案例分析、小组讨论、实验教学等），激发学生的学习兴趣和积极性，促进学生的思维发展和能力提升；学生的学习方式不再仅仅是被动接受式学习，而是采用主动式学习、探究式学习、合作式学习等方式，从而使学生更好地理解和掌握知识，培养学生的创新能力和解决问题的能力。师生互动是教学方式及学习方式双向转型的核心，教师和学生需要在整个教学过程中进行充分的互动和合作，以实现教学效果最大化。这种互动包括问题解答、讨论交流、反馈评价等形式。

（三）建立专属的教学质量监控和评估体系

在中外合作办学过程中，往往涉及中外两方的教学标准、质量要求和评估方法，通过建立专属的质量监控和评估体系来规范教学管理，可以确保中外双方的教学质量得到公平的比较和评价。通常，外方在外审员制度、定期外审制度、学分认证条件、课程描述及执行、阶段性成果考核等方面较为完善。中方院校应着眼于合作办学的实际情况，提出一系列针对性强的科学指标，建立健全一套适合中外合作办学的教学质量监控和评估体系。中外合作办学教学质量管理的主要评估指标可归纳为教学资源、教学理念、国际化教学手法、专业的国际化能力、以学生为主导的学习方式、跨文化交际能力的培养、国际化视野的培养等方面。中外合作办学应注重以课程设计、教学模式、学习方式为主线，构建教学质量监控和评估体系。

(四) 打造国际化师资队伍，确保教学质量

高质量的国际化师资队伍是中外合作办学教学运行和人才培养质量的根本保障。中外双方教师不仅应具备扎实的语言能力、专业能力、全球化视野，而且应具备高水平跨文化的交际能力和良好的人文素养。

首先，对于聘用的外方教师，要注重他们的国际化背景、教学经验的丰富度、学术科研能力、敬业及合作精神。外方教师能够带来不同的教学理念和方法，丰富学校的教育资源。同时，应对外方教师加强培训工作，让其了解中国的政策、文化、工作机制，增强他们的工作归属感，提高其工作稳定性。

其次，对于聘用的中方教师，要加强国际化素养提升、国际化教育理念培养及外语培训，帮助他们更好地适应国际化教学环境和学生需求。同时，要鼓励中方教师参与合作项目和学术交流，如资助开展课题研究、参加学术会议、发表论文等，以促进教师的个人成长和发展。

最后，要注重中外籍教师的交流与合作。在教学工作中，高校要有意识、有计划地促进中外籍教师沟通和协同、交流与合作，共同开展教学研究、课程开发和学术研究等活动。通过合作，中外籍教师可以共享资源和经验，从而提高整体教学质量和国际化素养。

◆ 五、构建中外合作办学人才培养教学质量体系的探索与实践

(一) 设立联合管理委员会

根据《中华人民共和国中外合作办学条例》，学院设立联合管理委员会作为学院的领导层，负责学院宏观层面的管理和领导。联合管理委员会负责教学决策的宏观设计，具体组织运行工作由教务处、外事处和学院相关部门负责。学院在联合管理委员会的指导下，按照合作协议内容履行各自的职能。

(二) 建立教学质量监管体系

学院在中外合作办学的教学工作中，应落实立德树人根本任务，运用一系列的制度、措施和手段，对教学过程、效果和质量进行监督、评估和管理，从而不断提高教学质量。

1. 建立教学质量监管机构

学校应成立教学质量监管部门（教学质量监控中心），制定教学质量监管规章制度，并配备专业的监管人员（督导员）。学院应成立由督导员（学校指派）、主管院长、系主任、教务干事和辅导员组成的督导组，负责教学监督和教学质量评估。

2. 制定教学质量标准

学院应根据中外合作办学的特点和发展目标，制定教学质量标准，具体包括教学目标、教学内容、教学方法、考核方式等方面的要求。

3. 监管教学过程

督导组应对教学过程进行监督和管理，包括对教师备课、授课、辅导、考核等环节的监管，确保教师按照规定的教学内容和质量标准进行授课。

4. 评估教学效果

通过学生评价、同行评价、专家评价等方式，对教学效果进行评估，收集反馈意见，及时发现问题并采取措施进行改进。

（三）加强课堂教学管理

学院教学管理主要应着力于以下三个方面。

第一，课程安排。辽宁大学中外合作办学专业的课程安排充分利用本校和德大的优质教学资源，强强联合，实现"1+1>2"的效果。其目的是培养既精通经济学和管理学的理论知识，又具备扎实英语能力的国际化人才。

第二，授课安排。在授课安排方面，中外合作办学项目的所有外教课程均配备中方教师辅助教学。参与中外合作办学授课的教师大部分具有海外背景与学术经历，有助于学生更好地理解外教授课内容，打下坚实的专业基础。外教课程的设计安排由中方、外方教师及课程组联合负责。外方教师负责主要的课堂教学任务，中方教师作为助教辅助外方教师教学。中方助教均有博士学位和扎实的英语基础，通过对外教课程进行旁听，掌控教学进度与质量；及时与学生进行交流，向外教反馈学生学习中遇到的问题，共同做出针对性调整，从而提升教学质量。

第三，语言学习。语言学习是中外合作办学的关键环节，因为学生的语言水平会极大程度地影响外教授课的教学效果。在学生入学的前两年，学院为学生开设纯英语学习的培训课程（课程细分为听说读写多个部分），并采用小班教学模式，有针对性地提升学生的英语水平。学院还为学生提供托福、雅思等英语考试的学习课程，以提升学生的应试能力。目前，学院已成为辽宁大学学生参加全国大学英语四、六级考试通过率最高的学院之一，在全国大学生英语竞赛，以及雅思、托福等英语水平考试中也取得了优异成绩，位居全校前列。

（四）培养学生的实践能力

学院注重学生实践能力的培养，通过本科生导师制、小班教学制，提升学生的专业语言表达能力，提出问题、分析问题和解决问题能力，创新创业与独立思考能力，信息获取与综合处理能力，独立工作和团队合作能力，外语应用能力，理论与实践相结合能力，专业实务知识应用能力，等等。

本科生导师制是指为专业每5~8名学生配备一名导师，导师通过定期的会议与学生互动，帮助学生解决学习和生活中的困惑，规划未来方向。在学科竞赛、创新创业项目方面，本科生可以联系导师寻求指导，从而提升创新能力。此外，导师可以在与学生的沟通中及时了解外教授课的教学质量，以便后续评估工作的顺利开展。

小班教学制是指在专业课学习方面，将全专业学生划分为多个30余人的小班进行分批授课。课堂上，外教通过案例、角色扮演、体验、研讨等方式进行教学，充分调动学生的课堂积极性。课程的考核形式涵盖随堂测试、报告演讲、论文等方式，杜绝单一的评价模式，有助于培养并检验学生的综合能力。目前，学院小班教学内容的精度和深度已得到提高，学生对小班教学的形式也表示认可。

◆ 六、结语

21世纪以来，中外合作办学作为国际化人才培养的主要形式之一，在面临巨大机遇的同时，也需应对人才培养质量的挑战。从求生存到谋发展，从外延式扩张到内涵式壮大，培养优质人才始终是中外合作办学可持续发展的关键，不断提升中外合作办学的教学质量则是人才培养的根本保障。在此前提下，如何开发设计一套科学性、前瞻性、可持续性并重的，具有国际化标杆的教学质量保障体系，是决策者应努力思考的重点。

◆ 参考文献

[1] 中华人民共和国教育部令第20号 中华人民共和国中外合作办学条例实施办法[EB/OL].（2004-06-02）[2023-10-10] http://wap.moe.gov.cn/jyb_xxgk/gk_gbgg/moe_0/moe_1/moe_162/tnull_2544.html.

[2] 张万红，申国昌.新中国成立60年中外合作办学回顾与展望[J].世界教育信息，2014，27（3）：54-56.

中外合作办学研究综述

◎ 王晓辉　孙铭阳

（辽宁大学新华国际商学院）

摘要：本文以中国知网（CNKI）数据库作为样本来源，借助CiteSpace软件绘制出年度发文量趋势图，以及发文作者共现、研究机构共现、关键词共现、关键词聚类、关键词时区分布与突现分析知识图谱和关键词共现图，深入了解十年来我国中外合作办学领域的整体研究状况，同时进行可视化分析，并精准聚焦于我国中外合作办学及其相关领域的发展动态及研究趋势，梳理并提炼热点问题。研究结果如下：① 自2020年起，中外合作办学研究相关领域的发文量大体呈现下降趋势；② 我国中外合作办学研究相关领域尚未形成显著的核心作者群，作者和研究机构间的合作有局限性，缺少跨学科、跨区域的协同研究；③ 通过对关键词分析显示，当下中外合作办学研究相关领域的热点为高等教育、高职院校和合作办学。

关键词：中外合作办学；CiteSpace；研究现状

◆ 一、引言

中外合作办学是指国内外教育机构在中国合作，举办主要面向中国公民招生的教育机构的活动，获取并运用国外教育资源、教育理念及办学模式，推动中国教育发展与改革，尤其是实现国际高等教育本土化。中外合作办学既可以满足多元化教育需求并提高教学质量，又可以培养优秀人才，推进教育可持续发展。自《国家中长期教育改革和发展规划纲要（2010—2020年）》颁布实施以来，中外合作办学开始向高水平示范性发展。中外合作办学经过近几十年的稳步发展，已经成为中国教育事业的重要组成部分。

我国中外合作办学经历了从无到有、从有到优的发展历程，已经成为我国高等教育创新体系的重要组成部分。中外合作办学致力于合理配置国内外优质教育资源并协同国际教育创新，其与地区对外开放程度整体契合的特征体现了教育服务贸易与市场的紧密结合。中外合作办学大力推动了教育对外开放并大幅度提升了教育国际化水平。2020年6月印发的《教育部等八部门关于加快和扩大新时代教育对外开放的意见》提出，着力破除机制体制障碍，加大中外合作办学改革力度，改进高校境外办学，改革学校外事审批政策，持续推进涉及出国留学人员、来华留学生、外国专家和外籍教师的改革，着力推进相关领域法律制度更加成熟定型。

◆ 二、年度发文量分析

通过年度发文量分析能更进一步了解中外合作办学领域的科研水平及动态发展趋势，也能衡量出中外合作办学领域的受关注程度并进行未来发展的预测。本文选取中国知网（CNKI）中2012—2022年间中外合作办学研究领域相关数据，并进行年度发文量分析。

从年度发文量趋势来看（图1），近十年来中外合作办学的相关研究成果整体呈现下降趋势，特别是自2020年以来，相关研究成果数量更是较往年呈现降低趋势。进而探究近十年中外合作办学领域在核心期刊的年度发文量，发现核心期刊在总发文量中的占比不高，我国学者对中外合作办学领域相关问题的重视程度不足。

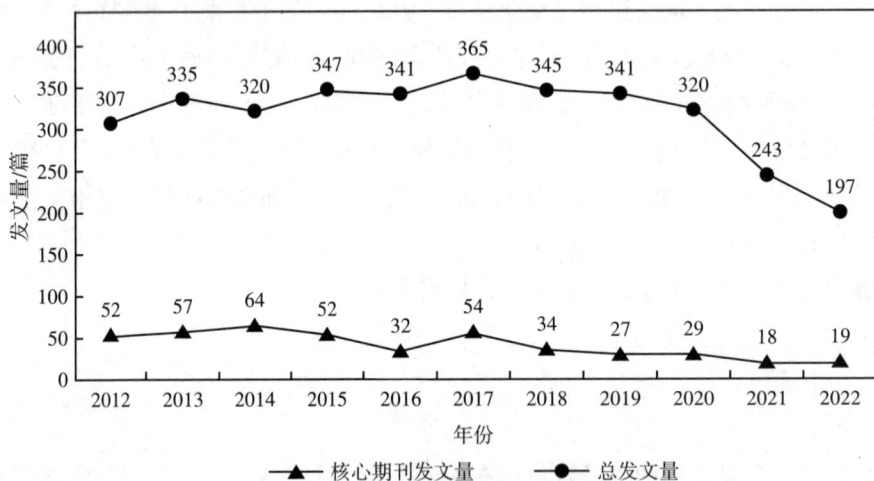

图1　中外合作办学研究领域年度发文量趋势图

◆ 三、发文作者及研究机构分布分析

作为中外合作办学领域内的关键主体，核心作者与研究机构的分布特征能够反映作者及研究机构的合作情况，可以帮助学者更有效率地了解相关研究现状与进展。本文基于中国知网（CNKI）中2012—2022年间中外合作办学研究领域相关数据，通过操作CiteSpace软件，完成发文作者及机构分布分析。首先将节点类型选择为"Author"，按

照文献作者类型进行分析，得到图2的知识图谱。其次将节点类型选择为"Institution"，按照文献作者所属机构分类进行分析，得到图3的知识图谱。图中的节点大小与字体大小成正比，节点越大，代表作者或研究机构发文量越多。

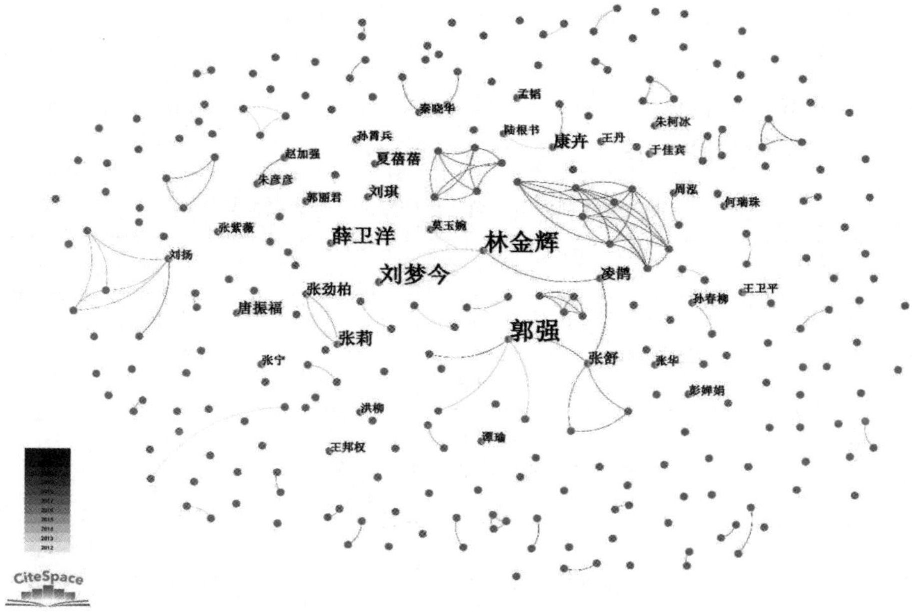

图2　发文作者共现知识图谱

图3　研究机构共现知识图谱

由发文作者共现知识图谱分析可以看出，图2中共有286个节点、123条连线，网络密度为0.003，反映出近十年来中外合作办学领域发文作者较为分散，除形成以郭强、林金辉和刘梦今等较为明显的网络结构之外，其他中外合作办学研究领域的学者网络结构较少，中外合作办学领域缺少稳定的研究团队集群，有待进一步培养。根据Price定律，核心作者发文数量 m 可表示为 $m = 0.749\sqrt{n_{max}}$，其中 n_{max} 为发文量最多的作者发表的论文数量。通过上述定律，可以计算出中外合作办学研究领域的 m 值为2.4。因此，中外合作办学研究领域核心作者的发文量必须不少于3篇，通过分析得出，中外合作办学领域内有12位核心作者，一共发表59篇文献（表1），约占总发文量的21%，小于Price提出的50%阈值，判定中外合作办学研究领域暂无显著的核心作者群。

表1 中外合作办学领域CNKI数据库高产作者及所属机构

发文量/篇	作者姓名	所属机构
10	郭强	南京邮电大学
9	林金辉	厦门大学
8	刘梦今	厦门大学
6	薛卫洋	厦门大学
4	张莉	南京工业职业技术学院
4	康卉	西安交通大学
3	唐振福	中国教育国际交流协会
3	夏蓓蓓	上海对外经贸大学
3	张舒	南京邮电大学
3	张劲柏	南京工业职业技术学院
3	刘琪	厦门医学院
3	凌鹊	厦门大学

由研究机构共现知识图谱分析可以看出，图3中共有269个节点、142条连线，网络密度为0.0039。图3中明显看出研究机构间的连线较少，意味着各研究机构主体间很少存在相互关联，即很少进行合作交流及协同创新活动。从研究机构类型角度出发，可以看出，中外合作办学领域的研究机构以高校研究院所为主，其中，以综合类高校居多，其次为有中外合作办学项目的高等院校，这反映出当前中外合作办学的研究尚未形成跨地区院校合作研究的良性格局。

此外，通过CiteSpace的分析发现，无论是发文作者，还是研究机构，其头部研究主体的发文量都遥遥领先，呈现出断崖式差异。结合图2、图3的知识图谱可知，当前中外合作办学领域的区域合作网络主要坐落在厦门和南京，其中郭强领导的研究团队成果显著，但在此种情况下，作者和研究机构间的跨区域合作具有一定的局限性。

◆ 四、关键词共现、聚类、突现分析

作者通常运用关键词来表述文献中的核心内容和中心思想，本文基于中国知网（CNKI）中 2012—2022 年间中外合作办学研究领域相关数据，使用 CiteSpace 软件对关键词进行共现、聚类、突现分析，进一步深入了解中外合作办学领域内的热点话题及前沿趋势，并梳理中外合作办学研究领域的发展脉络。

（一）关键词共现分析

操作 CiteSpace 软件，选取相关数据，再选择 "Keyword" 为节点类型，得到关键词共现知识图谱（图 4），图谱中共有 275 个节点、208 条连线，网络密度为 0.0055。本文将出现次数不少于 10 次的关键词定义为高频关键词。通过观察关键词共现知识图谱可以发现，高等教育、高职院校及合作办学为中外合作办学研究领域的高频关键词，其出现的次数分别为 21 次、16 次、10 次。关键词节点标签越大，意味着对应关键词出现的次数越多。除了上述三个高频关键词之外，通过观察关键词共现知识图谱中的节点大小，可以发现许多出现频率并不低的关键词，如国际化、双语教学、质量保障、中外合作等。这些较为高频出现的关键词可以反映中外合作办学领域内的学者也在从不同视角分析并研究当前教育实践活动。通过上述分析，可以将当前中外合作办学领域研究分为大致三个方向：一是以高等教育为主线探究中外合作办学的建设及发展；二是借助高职院校研究国际化办学及双语教学的形式内容；三是依托合作办学并以地方高校为例，展开对中外合作办学项目的研究。

图 4　关键词共现知识图谱

（二）关键词聚类分析

通过对关键词聚类知识图谱的分析，我们可以发现关键词的聚合结构性特征。在前文关键词共现分析的基础上，将聚类类型选择为"K"（Keyword），进行中外合作办学领域的关键词聚类分析，得到中外合作办学关键词聚类知识图谱（图5）。在关键词聚类分析知识图谱中，Q 值大于 0.3 时表明聚类结构显著，S 值大于 0.5 时表明聚类效果合理。通过图5可以看出关键词聚类知识图谱的 Q 值为 0.8921、S 值为 0.9503，从而得出中外合作办学关键词聚类结构显著、聚类效果合理的结论。同时中外合作办学领域内的关键词聚类知识图谱呈现出6个关键词聚类，分别为现状、双语教学、合作办学、中外合作、大学生、办学投入。此外，还可以观察到聚类主体之间的区域划分相对独立，需要加大力度整合各领域资源并跨越中外合作办学各领域间的鸿沟。

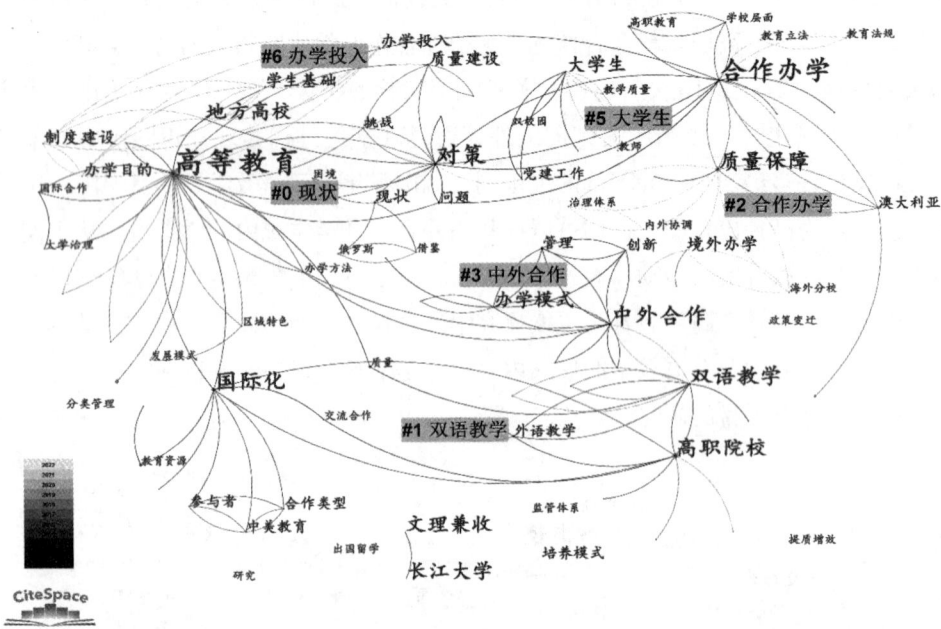

图5　关键词聚类知识图谱

（三）关键词时区分布与突现分析

在关键词聚类分析的基础上加入时间因素，将聚类中的关键词按时间展开，即为关键词聚类时区分布。分析关键词聚类时区分布可更为直观地观察每个关键词聚类中关键词的首现时间、活跃持续时间及突现情况。进一步操作 CiteSpace 软件，得到关键词时区分布知识图谱（图6）。

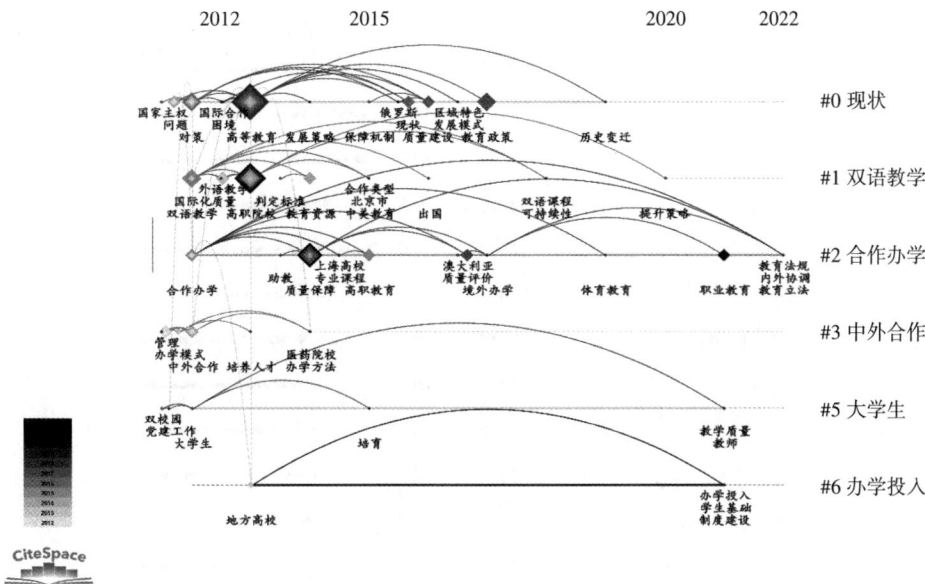

图6 关键词时区分布知识图谱

观察关键词时区分布知识图谱（图6）可知，2012—2022年中外合作办学研究领域的高频关键词和关键词突现主要集中在#0至#2聚类。这反映出中外合作办学的研究主要集中在中外合作办学现状、双语教学建设及合作办学三个领域。进一步观察可知，#0现状时区轴线上的突现词为高等教育，其他高频关键词有质量建设、问题、策略等；#1双语教学时区轴线上的突现词为高职院校，其他高频关键词有国际化、双语课程、教育资源、提升策略等；#2合作办学时区轴线上的突现词为合作办学，其他高频关键词有质量保障、境外办学等。

基于关键词聚类及其时区分布分析，操作CiteSpace软件，选择"Burstness"，调整参数 $\alpha_1/\alpha_0 = 2.0$，$\alpha_i/\alpha_{i-1} = 2.0$，$\gamma = 0.3$，States = 2，Minimum Duration = 2，得到前15个突现词的检测信息（图7）。关键词突现分析可以检测关键词的词频变化和突现词演变情况，并探析中外合作办学研究领域的前沿和发展趋势。当关键词在某个时间段受到中外合作办学领域内学者的关注时，对应的时间区间在图中用黑色加粗线段来表示。从图7可知，2012年出现的关键词中外合作为近十年中外合作办学研究领域出现较早的突现词，并于2014年结束。2013—2016年，学术界将中外合作办学研究领域的热点转向国际化、高等教育等，并探讨其未来的发展路径与质量建设。从2017年开始，相继出现了培养模式、政策变迁等突现词，表明学者在该时段对中外合作办学的探索更多聚焦于外部环境与内部建设。

关键词	年份	突现强度	起始年	终止年	2012—2022年
中外合作	2012	1.4	**2012**	2014	
问题	2012	1.39	**2012**	2014	
办学模式	2012	1.19	**2012**	2015	
国际化	2013	1.65	**2013**	2015	
高职院校	2013	2.76	**2014**	2015	
发展路径	2014	0.77	**2014**	2016	
保障机制	2015	0.78	**2015**	2017	
区域发展	2015	0.78	**2015**	2017	
质量建设	2016	2.02	**2016**	2017	
高等教育	2013	1.53	**2016**	2017	
质量保障	2014	1.24	**2016**	2017	
培养模式	2017	1.13	**2017**	2020	
境外办学	2017	0.97	**2017**	2022	
提质增效	2019	1.27	**2019**	2022	
政策变迁	2019	0.84	**2019**	2022	

图7　中外合作办学研究关键词突现图

◆ 五、主要内容分析

在一系列关键词共现、聚类、突现分析的基础上，本文将2012—2022年间中外合作办学领域研究归纳为三个部分进行探讨，分别为高等教育中外合作办学、高职教育中外合作办学及新时代中外合作办学。

（一）高等教育中外合作办学

随着世界经济与贸易全球化进程的推进，各个国家把握机会并友好交流，而教育领域也在其中不断地进行合作。邓小平同志提出的"教育要面向现代化、面向世界、面向未来"引领我国教育国际化迈向了更高的台阶。中外合作办学是具备办学资质且办学地点在我国境内并面向中国公民招生的中国或外国教育机构，它致力于合作办学，而不是合资办学或国外教育机构单独办学。中外合作办学不仅优化教育资源及教学模式等，同时还满足了人民群众不断增长的教育需求，推动我国教育的高质量发展，大幅度提升我国的国际竞争力。

自改革开放以来，我国中外合作办学从逐步摸索走向高质量发展阶段，一直保持着稳步前进的趋势，并成为中国高等教育的重要组成部分。梅平平[1]认为中外合作办学对高等教育既有积极影响，也有消极影响。中外合作办学提升了我国高等教育办学质量，改善了我国高等院校办学条件、办学环境，为学生走向国际化舞台奠定坚实基础，同时促进了我国高等教育适应国际教育发展态势，实现我国教育事业的长远发展。但是在中外合作办学的过程中，一些其他国家的思想价值、意识形态、生活方式等会不可避免地渗透到我国学生教育之中，可能会削弱我国大学生的主流意识形态，在一定程度上增加我国高等院校思想政治教育的难度，不利于高等教育健康发展。

凌鹊[2]从组织生态学理论视角，以1991—2020年各省域高等教育中外合作办学面板数据为基础，运用社会网络分析法测算高等教育中外合作办学区域布局动态变迁发现，区域布局呈现分布空间广泛、集聚效应明显、地区分布不均等特征，并且逐渐由东部向中西部地区偏移。因此，高等教育中外合作办学系统与社会生态系统的协同作用、区域集群竞争与合作及高等教育中外合作办学个体自我成长共同形成了高等教育中外合作办学区域布局的演化机理。以服务区域高等教育国际化发展战略为出发点，中央、地方和高校层面要通力合作，优化高等教育中外合作办学区域布局。

高等教育中外合作办学空间分布研究对于高等教育空间均衡化和缩小区际教育差距相关政策制定具有重要价值。基于地理信息系统（GIS）技术，李灿美等[3]应用多元统计分析方法系统研究了我国高等教育中外合作办学的空间分布特征及影响因素。研究发现，我国高等教育中外合作办学分布主要集中在直辖市和省会城市，全国范围内呈现出从东部、中部到西部的依次递减格局，其集聚特征表现出高高和低低分别相聚分布；各地区的公办高等院校数量、地区人口数量、经济发展水平、"一带一路"节点城市与高等教育中外合作办学规模具有显著正向影响，其中公办高等院校数量影响最大。

系统科学地推进高等教育中外合作办学是我国教育对外开放的重要任务，近些年来，国家对高等教育中外合作办学进行了优化调整，包括其类型结构、国内区域结构、国际布局结构、学科专业结构和层次结构，并取得了显著成效。景婷婷等[4]认为我国高等教育中外合作办学仍存在一些问题，如可持续发展存在机制运行不畅、规模与质量矛盾突出、学科专业结构贡献度低、层次结构中师资建设成效不显著、布局结构统筹不合理等，有待系统持续优化，进而对高等教育中外合作办学高质量发展提出展望。

（二）高职教育中外合作办学

在我国教育对外开放的背景下，国外学校"走进来"，我国学校"走出去"，中外合作办学在此过程中不断寻求突破，推动跨境教育的不断完善。中外合作办学项目引进先进的办学理念、人才培养模式和教学资源，高职院校借助合作办学的优势平台，从多角度出发、进行多层次的交流与借鉴，加强其国际交流，并在办学过程中飞速发展。中外合作办学不仅能够合理配置国内优质资源，增进国际学术交流与合作，还能够为中国乃至世界培育更多优秀人才，增加教育资源供给的多样性及可选择性。随着高等职业教育的快速发展，高等职业教育国际化成为引领新一轮职业教育改革的重要引擎之一。高等职业教育用心培养具有国际视野的实用型人才、极力支持教育教学的改革和创新并积极推动教育国际化，也丰富了探索高职院校中外合作办学的提质增效路径。

康卉等[5]从五个方面分析了当前高职院校中外合作办学现状，分别为办学数量、区域分布、合作方分布、颁发证书类型、招生规模及专业分布，并认为存在发展不稳定、招生规模总体较小、专业设置不够科学、质量有待进一步提升、发展不均衡等问题。对此应从政府、院校及企业三个方面出发，通过监督管理、加强引导、政策支持、强化意识、提升水平、完善机制、校企合作、发挥优势、树立品牌等多方举措，促进高职院校中外合作办学的发展。

张加涨[6]通过整理国内外文献，将我国高职院校中外合作办学提质增效的影响因素归纳为顶层设计、课程开发、教学质量、师资队伍、供给保障等五个方面，提出要加强顶层设计，服务职业教育高质量输出；内外双向融通，确保教学监管全过程覆盖；加强师资培养，促使师资能力与国际接轨；建造国际教育平台，推动合作办学的国际发展；提供保障供给，确保合作办学顺畅有序运行，促进我国高职院校中外合作办学提质增效。

孙玲[7]认为在高职院校中外合作办学项目的可持续性发展中仍然存在办学效果未实现预期目标、组织管理对接缺位、办学资源重量不重质和质量保障建设未落到实处等问题。政府应该牵头引领高职院校进行规范组织管理，重审中外合作办学宗旨，整合优质办学资源，优选培养对象，搭建国际化教学联盟，突出行业企业评价，提升项目质量评估和监督管理。

随着全球一体化进程的加快和全球性问题的日益凸显，人类命运共同体理念应运而生。凌鹊等[8]根据教育部中外合作办学监管工作信息平台1993—2022年高职教育中外合作办学数据测算合作办学网络的动态变迁，发现网络规模结构呈现快速发展的态势、网络权力较大的节点国家呈现集中分布的特点且逐渐开始走向平衡，同时也反映出内外部环境形成网络变迁的动力源、空间差异影响网络变迁模式、网络变迁形态呈现均衡与非均衡的循环往复。基于此，建议未来高职教育中外合作办学网络发展应坚持三重逻辑路向：共同发展，实现网络广度与深度协调发展；高质量发展，实现网络内涵式发展；可持续发展，实现网络良性循环发展。

（三）新时代中外合作办学

随着新时代高质量教育体系及教育体制的完善和教育现代化2035年愿景的推进，中外合作办学开始面临"规模与速度、布局与结构、质量与效益"等重大课题。在加大教育对外开放力度及《国家中长期教育改革和发展规划纲要（2010—2020年）》的契机下，新时代高等教育中外合作办学从办学类型、培养层次、学科专业结构及国内外区域布局结构等角度出发，不断完善办学结构，并为了推动中外合作办学结构改革而编织出一张"政策网"。对新时代高等教育中外合作办学结构进行改革，不仅可以有效调整我国高等教育中外合作办学政策，同时还可以完善高质量高等教育体系、开拓教育对外开放新格局并推进教育现代化。面向"十四五",为使高等教育中外合作办学结构体系更加优化,中外合作办学还有一些亟待完善之处。

我国高等教育中外合作办学发展的历史主线是改革与发展。从纵向来看,中外合作办学大致经历谨慎探索与缓慢发展、政府鼓励与规模扩张、制度完善与规范调整、质量提升与特色发展等四个阶段。王志强[9]运用统计法和调查法研究发现,当前我国中外合作办学在合作地区、层次、区域分布、科类结构和满意度等方面表现出新的发展特点。要推动新时代中外合作办学进一步繁荣向前,需要以优化概念体系与法律法规、加强宏观设计与科学引导、明晰发展方向与凝聚重点、推进要素变革与国际合作、促进境内办学与境外办学等为主要任务,实现规范化、系统化、特色化、优质化和双边化发展。

林金辉[10]认为我国中外合作办学除了面临一些问题之外,同时还要面临严峻的挑战:一是中外合作办学如何培养出大批高素质人才来满足我国经济社会发展的需求;二是在办学体制、机制和人才培养模式上,中外合作办学机构和项目需持续探索和创新,并加大力度引入优质教育资源、提升办学水平;三是中外合作办学还面临着来自国际的挑战,如新加坡的"环球校园计划"、韩国引进世界一流大学开办研究生院的计划、阿联酋设立的名为"迪拜知识村"的教育培训自由贸易区。我国中外合作办学项目也应该探索、研究并积极应对这些来自其他国家抢夺、引进和利用优质教育资源的挑战。因此,要实现中外合作办学可持续发展,必须遵循中外合作办学的基本规律,坚持引进优质教育资源的原则,坚持公益性原则,完善评估机制,加强质量监控与管理,坚持规范办学,严格依法管理。

党的十九大报告指出,经过长期努力,中国特色社会主义进入了新时代,这是我国发展新的历史方位。在新的历史起点上,面对经济全球化、教育国际化、"互联网+"迅速发展的时代挑战,中外合作办学的发展走向成为业界讨论的热门话题。董俊峰等[11]认为我国中外合作办学应该以质量建设为出发点、以创新为发展动力、以新时代的要求为路径,并结合"双一流"建设的战略目标,推动我国高等教育以"双一流"的身份走向世界,为全球高等教育的发展贡献中国智慧和中国方案。只有提升中外合作办学质量、用党建引领创新发展,中外合作办学才能在新时代高等教育发展进程中更具有竞争力。

近年来,我国在中外合作办学质量保障制度建设与发展方面取得突出成绩,林梦泉等[12]分析了当前中外合作办学高质量发展面临的挑战,总结出推动中外合作办学在质量保障方面发展的六大转变,提出了构建新时代中外合作办学质量治理体系的思路,论述了以战略性大闭环治理框架和战术性小闭环治理体系构成的质量治理顶层框架,并提出了以定期评估制度为核心的中外合作办学质量闭环治理系统的理论框架和实施路径。此外,还论述出闭环治理系统中的核心内容、评估体系的改革举措等。

中外合作办学作为我国实施高等教育对外开放的重要途径之一,对"双一流"建设的学科布局、国际化师资队伍建设、国际化人才培养、科研协同创新、内部治理及质量保障体系建设等方面均产生直接的影响和助力作用。当前，"双一流"建设高校中外合作办学正处于从规模化发展转向质量提升的关键期，但仍存在一些问题需要完善和破解。郭强等[13]认为为了破解"双一流"建设困局和瓶颈，未来我国应紧扣"双一流"建设任务和要求，积极推进高水平中外合作办学建设，具体做到：提高中外合作办学学科专业设置的匹配度，聚焦一流学科建设重点；完善境外优质人才引进机制，打造高水平国际化师资队伍；培养国际化一流人才，完善质量保障体系；以科研协同创新平台为载体，积极提升高校科技创新能力；科学界定优质教育资源标准，注重中外资源的融合创新。

◆ 六、结语

本文借助 CiteSpace 可视化软件，以中国知网（CNKI）中 2012—2022 年间中外合作办学研究领域相关数据为基础，从文献年度发文量，发文作者与研究机构，关键词共现、聚类、突现、时区分布，以及主要研究内容等多角度进行分析，得出以下结论。

第一，从文献的年度分布来看，十年来我国中外合作办学研究领域的发文量整体偏少，表明学术界对中外合作办学研究领域的关注不够，相关理论研究探索滞后于我国中外合作办学的实践，甚至在 2020 年以后，我国中外合作办学研究领域的核心期刊发文量和全部发文量大体呈现下降趋势，表明当下学术界对中外合作办学研究领域的关注和重视严重不足，更深入地反映出中外合作办学领域研究缺少问题意识。

第二，从发文作者与研究机构来看，我国中外合作办学研究领域的主要贡献者为郭强、林金辉等，主要研究机构为厦门大学、南京邮电大学等高校。从发文作者及研究机构知识图谱来看，中外合作办学领域尚未形成核心作者群和跨学科研究格局，作者与机构之间合作较少，缺少资源协同，应该鼓励作者及研究机构进行协同合作，为中外合作办学学术领域的可持续发展贡献力量。

第三，从关键词共现、聚类、突现和时区分布来看，2012—2022 年间中外合作办学研究领域的高频关键词表现为高等教育、高职院校、合作办学、中外合作、双语教学等，呈现出现状、双语教学、合作办学、中外合作、大学生、办学投入等聚类，筛选出中外合作、办学模式、培养模式、境外办学等突现词。从关键词的知识图谱分析可以看出，十年来中外合作办学研究领域主要集中于高等教育、高职教育和新时代中外合作办学三个方面。在此基础上结合关键词时区分布知识图谱和突现词筛查结果，可以看出相关研究在时间维度上呈现出一定的阶段性。

第四，从主要研究内容来看，2012—2022 年间中外合作办学领域的研究成果对新时代我国教育事业发展具有一定的价值与作用，中外合作办学也已经成为新时代我国教育发展目标的重要支柱。整体来看，虽然中外合作办学领域已经渗入教育各个领域，但研究成果中较少关注并涉及其他领域，相关研究成果也存在着质量不佳的问题。从研究方法和研究性质来看，现有的文献成果多以质性研究为主，缺少实证分析作为支撑，未来的研究应该多以实证分析为主，为中外合作办学研究领域提供有力的支撑。

◆◇ 参考文献

[1] 梅平平. 中外合作办学对高等教育的影响 [J]. 中学政治教学参考，2022（41）：89.

[2] 凌鹊. 高等教育中外合作办学区域布局动态变迁与演化机理 [J]. 中国高教研究，2021（12）：77-83.

[3] 李灿美，冯遵永. 基于GIS的高等教育中外合作办学规模的空间分布及其影响因素分析 [J]. 江苏高教，2020（11）：113-119.

[4] 景婷婷，陈鹏. 新时代高等教育中外合作办学结构改革的成效、问题与展望 [J]. 黑龙江高教研究，2022，40（7）：38-45.

[5] 康卉，党杰，黄晓洲. 高职院校中外合作办学的现状、问题与对策 [J]. 教育与职业，2020（15）：35-39.

[6] 张加涨. 高职院校中外合作办学提质增效的影响因素与发展策略研究 [J]. 中国职业技术教育，2022（22）：53-57.

[7] 孙玲. 高职院校中外合作办学项目可持续性分析 [J]. 教育理论与实践，2018，38（9）：19-21.

[8] 凌鹊，金中坤. 我国高职教育中外合作办学网络发展研究：基于人类命运共同体视角 [J]. 教育与职业，2023，13（6）：59-64.

[9] 王志强. 新时代高等教育中外合作办学的历史变迁与未来展望 [J]. 黑龙江高教研究，2019，37（8）：74-78.

[10] 林金辉. 论中外合作办学的可持续发展 [J]. 教育研究，2011，32（6）：64-67.

[11] 董俊峰，倪杰. 我国高校中外合作办学的新走向 [J]. 江苏高教，2020（11）：120-124.

[12] 林梦泉，吕睿鑫，张舒，等. 新时代中外合作办学质量治理体系构建理论与实践探究 [J]. 中国高教研究，2020（10）：9-15.

[13] 郭强，张舒，钟咏. "双一流"建设高校中外合作办学的路径反思 [J]. 高校教育管理，2021，15（3）：35-44.

新时代大学生增强志气、骨气、底气研究①

◎ 王　斌¹　孙月红²　蔡佳芮¹　毛一诺¹

（1. 辽宁大学新华国际商学院；2. 辽宁大学公共管理学院）

摘要：志气、骨气、底气是新时代大学生应有的精神品质。对于新时代大学生来说，有志气主要是指有远大理想和坚定信念，有骨气主要是指有高尚的品格和坚韧的意志，有底气主要体现为自信自强、意气风发的精神状态。当前，西方国家意识形态渗透不利于大学生增强志气，消极文化和思潮的传播不利于大学生增强骨气，大学生盲目的外在归因不利于大学生增强底气。为此，必须用马克思主义科学理论筑牢大学生理想根基，增强志气；用中国共产党百年党史提升大学生使命担当，增强骨气；以投身新时代伟大实践促使大学生练就过硬本领，增强底气。

关键词：大学生；志气；骨气；底气

党的二十大报告中指出，要"增强全党全国各族人民的志气、骨气、底气"，志气、骨气、底气作为当代中国人精神品质的集中体现，源自中华民族上下五千年的精神传承发展，彰显于中国共产党百年来团结带领全国各族人民接续奋进的道路之中，对国家发展、社会进步具有重要精神支撑作用。青年强，则国家强。习近平总书记强调，"新时代的中国青年要以实现中华民族伟大复兴为己任，增强做中国人的志气、骨气、底气"[1]。大学生作为青年群体的重要组成部分，是国家的未来、民族的希望。因此，新时代必须重视大学生增强志气、骨气、底气的重要意义，充分认识大学生增强志气、骨气、底气的现实挑战，并从中找到解决办法，从而帮助大学生增强志气、骨气、底气，以涵养时代新人。

① 教育部高校辅导员培训和研修基地（辽宁大学）2022年度"学习党的二十大精神专项课题委托项目"（WT522100012）。

◆◇ 一、新时代大学生志气、骨气、底气的内涵

新时代大学生有志气即有着崇高的理想信念，有骨气即有着刚毅不屈的顽强品格，有底气即有着自信自强的人生状态。

（一）志气：理想远大、信念坚定

"志气"一词的内涵关键在"志"，即志向，强调的是不断向上、积极进取的状态。中华民族自古以来就是一个充满志气的民族，有"三军可夺帅也，匹夫不可夺其志也""老骥伏枥，志在千里"的雄心壮志，也有"穷且益坚，不坠青云之志""苟利国家生死以，岂因祸福避趋之"的鸿鹄之志。近代以来，为了探索救国之道，无数仁人敢于挽狂澜于既倒、扶大厦之将倾，表现出了百折不挠的英雄气概[2]。对于新时代大学生，有志气表现为远大的理想和坚定的信念，就是为共产主义奋斗终身的崇高理想信念。这是新时代大学生确立志向，踔厉奋发的前提和基础。习近平总书记曾勉励广大青年"要励志，立鸿鹄志，做奋斗者"[3]，这进一步指明了大学生增长志气的方向。新时代大学生有志气主要体现在"鸿鹄志"上，即树立共产主义远大理想和中国特色社会主义共同理想。大学生只有将努力实现共产主义远大理想和中国特色社会主义共同理想作为自己的人生目标，才能在以后的学习乃至工作中找到前进的方向。同时，有志气还体现在"奋斗者"身上。大学生要将远大理想和坚定信念付诸实践，必然需要厚植奋斗精神。新时代大学生只有保持昂扬奋斗姿态，在接续奋斗中不断增强自身志气，以志气激励奋斗，以奋斗涵养志气，才能承担起实现中华民族伟人复兴的时代重任，成长为时代好青年。

（二）骨气：品格高尚、意志坚韧

"骨气"一词意指高尚的品格和坚韧的意志，体现的是在绝境下仍能保持完整人格和英雄气概的一种高尚气节。中华民族自古以来就是一个充满骨气的民族，这一骨气从微观上体现在个人品格上，从宏观上体现在民族气节上。在个人品格上，苏武牧羊的坚贞不屈、包拯的刚正不阿均彰显了个人的铮铮铁骨。在民族气节上，文天祥的"人生自古谁无死，留取丹心照汗青"、陈延年和陈乔年英勇牺牲等成为"时穷节乃见，一一垂丹青"的生动写照。新时代大学生的骨气正是对中华民族文明史上这些"民族的脊梁"的继承和发扬，主要体现在两个方面：一方面，大学生要有担当使命的骨气，担当不仅需要志气，还需要骨气，面对新时代出现的新问题和新挑战，大学生必须要以一往无前、决不退缩的坚定意志直面困难，要以"功成不必在我，功成必定有我"的风骨勇挑重担；另一方面，大学生要有开拓创新的骨气，新时代中国取得的成就举世瞩目，但在一些重大科技问题上还受人制约，大学生作为高端人才的重要组成部分，要有不靠人的骨气，努力学习专业知识，练就过硬本领，努力填补国内空白，推动中国科技自立自强。

（三）底气：自信自强、意气风发

“底气”一词指个人对自己的能力和事业的信心和勇气，是个人内心自信自强的外在彰显。中华民族的底气来源于五千年的中华传统文化，来源于一代又一代中华儿女的高尚品格和强大能力。中华文明历史悠久，是世界上唯一没有中断的古文明，并且在今天拥有更加旺盛的生命力。中国共产党成立以来，团结带领全国各族人民，在社会主义革命、建设、改革过程中取得了举世瞩目的伟大成就。今天，我们全面建成了小康社会，全党全国各族人民正在意气风发地向着第二个百年奋斗目标进军。这一文化、历史和现实就是新时代大学生的底气所在。新时代大学生的底气主要体现在两个方面：一方面是对马克思主义的自信，马克思主义是立党立国、兴党兴国的根本指导思想，新时代大学生更加相信马克思主义，更加热爱学习马克思主义，对中国的未来也更加充满希望；另一方面是对自身实力的充分肯定，当代大学生施展才华的舞台无比广阔，自身能得到充分彰显，应充分展现出昂扬向上、无与伦比的精神面貌和强大信心。

二、新时代大学生增强志气、骨气、底气的现实挑战

新时代大学生既是思想活跃、充满激情的群体，又是不够成熟、亟须引导的群体。同时，新时代大学生正处于一个充满机遇又充满变化的环境中，这给大学生增强志气、骨气、底气带来了严峻的现实挑战。在世界百年未有之大变局下，西方国家在意识形态领域对我国进行渗透，影响了部分大学生增强志气。各种亚文化和消极社会思潮影响了部分大学生增强骨气。大学生盲目自我归因影响了部分大学生增强底气。

（一）西方国家意识形态渗透不利于大学生增强志气

当前，在世界百年未有之大变局的背景下，西方国家经济陷入衰退困境。为了遏制中国的发展，西方国家除了实行贸易保护主义等有形手段外，在意识形态这一无形领域也对中国发起了挑战，裹挟着多种西方意识形态的消极社会思潮纷纷进入国内，对大学生的价值观产生了不良影响，企图消解大学生的价值认同，弱化大学生的理想信念，成为大学生增强志气的严重阻碍。随着我国对外开放的扩大，西方的一些观念观点在我国的影响力也越来越大。大学生作为国家的未来、民族的希望，一直是西方“国家意识形态战”中关注的重点群体。在互联网成为大学生获取信息主要途径的背景下，网络舆论在资本裹挟下掺杂着一些如历史虚无主义、享乐主义等消极思潮，不断挑战主流价值观的主导地位。部分大学生由于阅历不足等，易受到错误意识形态的影响，从而弱化对主流价值观的认同，导致社会价值共识出现分裂，从而背离为实现中华民族伟大复兴的中国梦努力奋斗的远大志向。党的二十大报告中指出：“意识形态工作是为国家立心、为民族立魂的工作。”意识形态认同对大学生增强志气有着重要的影响，是新时代大学生

增强志气的前提和基础。受到西方消极意识形态影响的部分青年大学生容易丧失理想信念，难以树立远大志向，不利于志气的增强。

（二）消极文化和思潮的传播不利于大学生增强骨气

消极文化和社会思潮的传播是新时代大学生增强骨气的现实阻碍。近年来，随着经济发展的增速，导致部分大学生感到社会压力较大，对自己的未来失去信心。在这种背景下，一些"粉丝文化""躺平文化"等错误文化和思潮对大学生产生影响。有的大学生在某网上讨论如何"反卷"、如何"躺平"，以及如何在压力下生存[4]。我国社会在高速发展的同时，由于社会阶层、贫富差距，让个别大学生逐步产生了"寒门再难出贵子"的偏激想法，从而对学习缺少动力，对未来缺少信心，再难有骨气。这种消极文化和思潮不利于大学生增强骨气，影响大学生树立健康的人格和坚定的意志。

（三）大学生盲目的外在归因不利于大学生增强底气

新时代大学生生活在急剧变化的社会环境中，这种社会环境带来的不安全感导致部分大学生盲目将自身不足归结于外在原因，从而丧失了提高本领、追求卓越的底气。部分大学生生活条件较好，安于现状，不愿意突破自己的舒适圈去追求进步。大学生是实现中华民族伟大复兴的中坚力量，大学生的底气是个人不可或缺的精神品质，诚然存在某些客观原因导致大学生进步难度较大，但部分大学生将自身主观的不进取、不奋斗都归结于社会原因，不去提高自身的实力从而增强底气。同时，部分大学生在人生发展过程中仅仅局限于物质的发展，重视物质生活水平的提高而不重视精神境界的提高，沉迷于个人物质条件的追求，缺乏精神追求，难以做到与时代同频共振，导致个人追求与时代要求逐步脱节。这些错误归因都是导致大学生增强底气的直接困境，不去追求进步，加之与时代难以做到同频共振，使得本就能力缺乏的大学生更加缺乏底气。习近平总书记强调："一切视探索尝试为畏途、一切把负重前行当吃亏、一切'躲进小楼成一统'逃避责任的思想和行为，都是要不得的，都是成不了事的，也是难以真正获得人生快乐的。"[5]大学生要增强底气就必须牢记习近平总书记的青年观，更正错误心态，不再盲目为自己的不努力找借口，认识到提高自身本领才是增强底气的根本。

◆ 三、新时代大学生增强志气、骨气、底气的实践路径

习近平总书记指出："要立足党的事业后继有人这一根本大计，牢牢把握培养社会主义建设者和接班人这个根本任务，引导广大青年在思想洗礼、在实践锻造中不断增强做中国人的志气、骨气、底气。"[6]要站在培养社会主义建设者和接班人的高度，引导大学生在思想上坚定理想信念，厚植百年党史中的精神基因，同时要在社会实践中练就过硬本领，从而让有志气、有骨气、有底气成为新时代大学生应有的精神风貌。

（一）用马克思主义科学理论筑牢大学生理想根基，增强志气

以马克思主义科学理论为指导是新时代大学生坚定理想信念、树立远大志向的根本所在。党的二十大报告指出："实践告诉我们，中国共产党为什么能，中国特色社会主义为什么好，归根到底是马克思主义行，是中国化时代化的马克思主义行。拥有马克思主义科学理论指导是我们党坚定信仰信念、把握历史主动的根本所在。"新时代大学生必须牢固树立共产主义远大理想和中国特色社会主义共同理想，把握远大理想与共同理想、现实与理想之间的辩证关系，对共产主义远大理想做到坚持不懈，同时脚踏实地地努力实现中国特色社会主义共同理想。这就要求引导大学生增强马克思主义理论自觉，将马克思主义理论内化于心、外化于行，用马克思主义科学理论来对抗历史虚无主义等错误意识形态的侵蚀。同时，要在遵循根本原则的基础上，运用大学生喜闻乐见的语言形式传播中国化、时代化的马克思主义，增强马克思主义在社会上的传播力和在青年群体中的影响力，不断增强新时代大学生的历史主动，筑牢其理想根基，从而增强大学生的志气。

（二）用中国共产党百年党史提升大学生使命担当，增强骨气

历史是最好的"教科书"，是精神的"营养剂"，更是新时代大学生增强志气、骨气、底气的"必修课"。习近平总书记指出："一百年来，中国共产党团结带领中国人民，以'为有牺牲多壮志，敢教日月换新天'的大无畏气概，书写了中华民族几千年历史上最恢宏的史诗。"中国共产党百年党史中体现着一代代中国人的骨气。"不怕牺牲、英勇斗争"贯穿中国共产党百年奋斗历史，是中国共产党伟大建党精神的重要内容，也是中国共产党人骨气的鲜明写照。在当今世界百年未有之大变局的复杂环境下，新时代大学生要想继续增强做中国人的骨气，必须从中国共产党百年历史中汲取力量，在党史学习教育中激发做中国人的铮铮骨气。同时，新时代大学生不仅要将从党史中汲取的力量内化于心，还要外化于行。这就要求新时代大学生必须在实践中不断锤炼自身意志，永葆艰苦奋斗、敢于斗争的精神风貌，不断增强大学生的意志和骨气。

（三）着眼新时代伟大成就激励大学生自信、自立、自强，增强底气

底气来源于信心，新时代的伟大成就使大学生拥有了对自己和国家的信心，是大学生拥有底气的重要来源。增强新时代大学生的底气，就是要着眼新时代伟大成就，引导大学生增强对中国发展的信心，增强推动国家进一步发展的能力和信心。一方面，通过宣传阐释大学生切身体会的新时代伟大成就，激励大学生对国家、民族的信心。近代以来，面对西方列强的"坚船利炮"，中华民族一度陷入生死存亡的边缘，长期的屈辱也使得一部分人心中产生了中华民族不如西方的错误观点。中国共产党成立后，中国的面貌焕然一新。党的十八大以来，中国特色社会主义进入新时代，党和国家事业取得举世

瞩目的伟大成就，生活、成长于这一时期的大学生拥有了无与伦比的信心和底气。因此，要引导大学生在对中国的历史、现实和未来的全面了解中不断增强信心和底气。另一方面，要引导大学生投身中国特色社会主义伟大实践，在实践中练就过硬本领。以新时代伟大成就激励大学生为中国特色社会主义事业服务，从而积极学习科学文化知识和专业技能知识，努力提高理论水平和实践能力，学习本领、增长才干，做到具有真才实学，从而真正做到习近平总书记所希冀的——"立志做有理想、敢担当、能吃苦、肯奋斗的新时代好青年，让青春在全面建设社会主义现代化国家的火热实践中绽放绚丽之花"。

◆〉 参考文献

[1]　习近平.在庆祝中国共产党成立100周年大会上的讲话［N］.人民日报，2021-07-02（2）.

[2]　习近平.在纪念毛泽东同志诞辰120周年座谈会上的讲话［N］.人民日报，2013-12-27（2）.

[3]　习近平.在北京大学师生座谈会上的讲话［N］.人民日报，2018-05-03（2）.

[4]　魏杰，黄皓明，桑志芹."985废物"的集体失意及其超越：疫情危机下困境精英大学生的"废"心理审视［J］.中国青年研究，2021（4）：76-84.

[5]　习近平.在纪念五四运动100周年大会上的讲话［N］.人民日报，2019-05-01（2）.

[6]　习近平.习近平谈治国理政：第4卷［M］.北京：外文出版社，2023.

中外合作办学教学质量评价体系构建

◎ 孙雅娜

（辽宁大学新华国际商学院）

摘要：中外合作办学模式下的高校教学，既不同于中方高校的教学模式，又与外方高校教学有所差别。本文从教学管理、培养方案与教学资源、师资队伍建设、中外教师教学评价、学生专业能力培养、学生课程体验评价等六个方面构建指标体系，对中外合作办学教学质量进行全方位评价。

关键词：中外合作办学；教学质量评价；指标体系；课程体验

中外合作办学作为我国教育对外开放的重要载体，将国外优秀的课程、教材、教学和师资引进我国，满足了学生不出国门就能享受高质量教育的需求。在中外合作办学规模不断扩大的情况下，如何保证教学质量成为我国高等教育中外合作办学生存与发展的关键。2018年1月，教育部发布《普通高等学校本科专业类教学质量国家标准》，对本科专业教学质量监测提出了新要求，将引领本科专业评估内涵式发展的新方向[1]。因此，建设教学质量评估体系是新时代高等教育发展的必然要求，也是提升高等教育专业教学水平和提高教学质量的有效途径。本文遵从注重社会实际需求和培养应用型人才的理念，以学生为中心，对工商管理类中外合作办学教学质量进行全方位的综合评价，探索构建中外合作办学专业教学质量评价体系。

◆◇ 一、教学质量评价体系建设的必要性及文献述评

高等教育的教学质量评价起源于美国。20世纪70年代，澳大利亚和欧洲的大学已经普遍实施教学质量评价，到了90年代，中国的教学质量评价才开始兴起。目前，中国高校的教学质量评价主要有学生评价、专家评价、教师自评、管理人员评价等方式[2]。其中，专家评价和管理人员评价主要通过课堂听课的方式进行，教师自评通常是

教师采用一套指标体系对教学工作进行自我评价。这三种教学质量评价方式具有一定的局限性，如不同的教师有不同的自我评价标准，少量的课堂听课方式不能客观反映教师平时的上课状态等。因此，从学生角度出发对教学质量进行评价十分有必要，也应该成为教学评价的主要方式之一。学生评价工作最初是学生直接对教师进行评价，但是这种评价方法有许多弊端，包括学生专业能力不足以评价教师，教师对评价结果不满可能降低教学积极性等。现在的学生评价工作转换了思想和理念，评价的主体从"老师教学状态"转移到"课程体验"上，学生评价时能够忽略主观方面的影响，仅仅评价自己的课堂收获，通过这种方式来间接地反映教师的教学质量[3]。

专业是连接学生和学校、课堂与教师的第一场所，国际高等教育已经就专业教学质量评估的重要性达成了共识，越多地提及课程和专业层面的真实教学，越能实现更好的教育。教学质量评价是对专业的人才需求前景、专业办学定位、人才培养模式、课程定位与结构、师资队伍建设、教学条件与利用、教学过程组织管理、教学研究与改革等方面进行综合评价，对现实或潜在的价值做出全方位衡量的过程[4-5]。

国外有关专业教学质量评估的相关研究主要包括三个方面。一是英国的"教学卓越框架"（teaching excellence framework，TEF）专业教学质量评估[6]。20世纪80年代后期，英国政府推动实行三次较大规模的教学质量提升行动，体现出对高等教育质量提升的迫切需求。2017年7月，英国"教学卓越框架"专业层面教学质量评估试点工作正式开启，专业评估旨在通过提供更加透明的基于专业层面的教学质量信息为学生和用人单位做出有效选择提供帮助。二是澳大利亚从对学生的课程学习经验评估入手，构建高校内部的教学质量保障体系[7]。三是美国通过过程管理提高高校专业教学质量[8]。课程评分体系在教学过程中对提高专业教学质量的促进主要包括看重平时成绩、课堂任务高标准和严要求，以及实践操作代替课程考试。

国内教育者从多个视角对专业教学质量评估及相关内容展开深入研究。一是对专业教学质量评估标准内涵的解读，曾五一[9]和田志龙等[10]从各专业教学质量国家标准制定的原因、质量标准的表达形式与特点、实施建议方面展开讨论。二是从制度方面探讨对专业教学质量提升的促进作用，杨延等[11]对我国本科教学评估的制度历程与基本经验进行分析，为加快构建新时代中国特色本科教学评估制度贡献力量；李冲等[12]构建以学生评价为主，以同行评价和专家评价为辅的专业教学质量保障体系。三是构建专业教学评价体系，潘鸣威等[13]和郭铭[14]试图构建专业教学评价指标体系，但关于形成性评价的讨论和多数研究都集中在对理论层面的介绍方面。

已有的研究涉及了本科专业教学质量评估的诸多方面，但构建评估体系是一项复杂的系统工程，目前针对中外合作办学教学质量评估体系构建的研究较为有限。因此，本文试图从中外合作办学全方位角度出发，以工商管理类中外合作办学为例，为中外合作办学建立科学有效的评估指标体系提出优化对策。

◆〉二、中外合作办学全方位质量评价体系构建

实施中外合作办学的教学机构应以保障和提高教学质量为首要任务，以培养学生专业能力为主要目标，以学校全员为基础，各部门成员齐心协力，综合运用管理技术、科学方法，对影响教学质量的全过程和各种因素进行全面控制和系统管理，进而实现教学质量的提高。为此，本文从教学管理、培养方案与教学资源、师资队伍建设、中外教师教学评价、学生专业能力培养、学生课程体验评价六个方面构建一级指标，力图对中外合作办学质量进行全面评价[15-16]。其中，中外教师教学评价和学生课程体验评价是教学质量评价最重要的两个方面，权重各为20%，其他四个方面一级指标权重各为15%。二级指标详见表1。

表1 中外合作办学全方位质量评价指标体系

一级指标	二级指标
教学管理	管理者对合作教学的重视度
	专业教学管理制度
	实践教学管理机制
	学生管理机制
	教学过程管理
培养方案与教学资源	教学培养方案与课程设置
	教学基地中心建设
	院校与企业合作
	数字资源库
师资队伍建设	中方教师国外高等教育会员资格
	中方教师全英文授课培训
	中方教师出国交流
	中外教师合作
中外教师教学评价	教学设计评价
	教学方法评价
	教学能力评价
	教学效果评价

表1（续）

一级指标	二级指标
学生专业能力培养	在校成绩
	专业实践能力
	创新能力
	国外高校读研率
	国内就业率
学生课程体验评价	收获评价
	压力评价
	激励评价
	尊重评价

教师教学评价应分别对中方和外方教师进行评价，但都分为教学设计、教学方法、教学能力、教学效果四个方面。首先，对于教学设计，应当注重教学目标、教学内容、教学过程、教学评价四个方面，教学设计应实现线上和线下互动，让这种混合教学模式"混"而不"乱"、"混"而有"序"；其次，对于教学方法，不仅要聚焦线上和线下教学方法，还要聚焦作业批复及时性、规范性等方面[17]；再次，对于教学能力，应当注重课堂组织能力、课堂驾驭能力、教学活动开展情况、作业设计等方面，甚至还要注重科研情况、普通话标准与否及过程考核与监督等方面，因为只有具有多元能力的教师才能真正地助力人才培养[18]；最后，对于教学效果，应当深入了解教师教学的效果，让多元主体融入进来，包括督导专家的评价、同行之间的评价，有条件的学校甚至可以考虑融入家长的评价，通过学生在家庭层面的变化给予更多角度的评价。

学生课程体验评价借鉴澳大利亚和英国高校课程体验问卷（CEQ）的方法，建立在学生学习理论的基础上，强调学生在课堂中学习的体验和感受，从学生收获评价、压力评价、激励评价和尊重评价四个方面设计调查问卷来对教师教学进行评价[19]。

◆ 三、完善全方位评价体系下的合作办学教学改革路径

（一）创新中外合作办学教学管理机制

教学管理机制是贯穿教学管理过程始终的制动力，是激励和约束两种力量的平衡器。创新教学管理机制是使教学管理处于高效、自觉运行状态的根本保证，是能否有效调动广大教师积极投入教学改革建设的关键。一方面，建立动力与压力机制。针对工商管理类专业的教师、管理者、教学单位的需求和动机特性，通过物质激励、制度规范、

精神激励，激发其参与教学改革与建设的主动性和创造性。通过明确工商管理类专业的教学工作目标、教学管理工作目标，建立科学的评教、评管制度，采取奖惩结合的方式，形成合力的压力。另一方面，建立规范和民主机制。完善以工商管理类教师为主体的教学工作的咨询、审议、监督制度，推动教学管理的民主化、科学化和人本化。鼓励和支持教师参与教学建设与改革、教学管理、教学研究及教学交流，就各种重要的教学管理举措的出台进行听证等。

（二）完善教学过程及教学配套设施

专业教学建设离不开专业的教学过程指导及教学配套设施，通常包括硬件教学资源与软件教学资源。一方面，软件教学资源建设是满足专业教学基础的第一要务。完善工商管理类专业教学过程，细化并及时调整教学培养方案与课程设置；充分开发利用软件资源，主要是通过建立数字实训资源库、网络教育平台、精品课程视频公开课讲坛等平台来实现，同时对教师网络教学行为、学生网络学习行为、图书资料网上阅览、纠错与信息反馈等进行科学化、标准化、规范化的约束。另一方面，进行工商管理类专业教学基本设施的硬件教学资源建设也同等重要。例如，在校园内为学生提供教学设备、模拟场景，加强多功能的信息管理实验室建设。信息技术的发展对于工商管理模式和效率产生了巨大的影响。因此，工商管理专业教师应在信息设施完善的基础上将信息管理系统与教学过程进行有机结合。

（三）加大教学师资队伍建设力度

中外合作办学对教师提出了更高的要求，教师不仅是教学的主要组织者、参与者和指导者，还是中外双方教学实践的融合者。教学的成效如何，关键在于要建设一支结构合理、能力突出、素质全面、精干有力的教师队伍。为此，要加大工商管理类专业师资队伍建设的力度。首先，提高教师对工商管理类专业教学重要性及必要性的认识，采取措施稳定专业教学骨干队伍，并不断补充新生力量。其次，完善工商管理类专业教师队伍的继续教育工作，有关部门应有计划、有组织地对专业教师进行相关理论知识和实践技能的培训，尤其是对合作方教学方法、教学理念的培训。学校应组织教师深入实际，开展调查研究，培养和提高教师的实践能力，并加大力度，定期派中方教师去合作方院校学习交流。最后，专业教师本人也要善于观察社会生活中的方方面面，研究新情况、发现新问题、探索新规律，提高自身教学水平。

（四）提升学生专业学习能力水平

由于受到高等教育体制和观念约束，加之校外实践教学可用的经费和资源有限，工商管理类专业教学主要以课堂教学为主。教学往往只注重对理论知识的讲授而忽视对学生实践能力的培养。因此，中外合作办学要充分发挥合作方优势，在专业理论知识讲授的基础上，在着重强调教学强度的同时，进一步推动工商管理类专业的实践教学改革，把学生分批派往合作方院校进行短期学习和交流，构建"从课堂内到实验室，从校园内到校园外，从国内到国外"有机结合的系统化实践教学模式，积极开创多元化的实践教学途径。通过工商管理人才培养的实验、实训、实习等教学模式创新，提高学生的专业实践技能和创新思维能力。

（五）建立持续改进机制

每学期教学结束之后，对办学质量进行评价并形成评价报告，根据报告进行整改。其中，中外教师教学评价和学生体验式评价，是对教师教学过程中问题的全面反映，合理利用教师教学评价和学生体验式评价报告，是教师纠正教学不足、提升教学能力的重要保障。教师应根据教师教学评价和学生体验式评价报告对自身的教学过程进行全面反思，并调整自身的教学目标设置、教学内容安排、教学方式选择、教学成果考核，形成"教学—评价—改进—再评价"的闭环，使自身在一次次教学实践与反思中探索教学模式创新与教学质量提升的新方法，实现培养高素质工商管理人才的目标。

◈ 参考文献

[1] 杨延，李燕飞，郑建双.后审核评估时期高校专业审核评估指标体系构建[J].教育观察，2020，9（13）：3-6.

[2] 于凡.教育大数据视阈下高校教学质量评价体系的相关研究[J].黑龙江教师发展学院学报，2022，41（9）：34-36.

[3] 徐炀，蒋静.中外合作模式下基于"课程体验"的教学质量评价指标体系开发：以南京工程学院中芬合作办学项目为例[J].江苏科技信息，2020，37（36）：58-62.

[4] 邵道萍.新时代教育评价改革背景下高校课程教学质量评价体系构想[J].商丘师范学院学报，2021，37（4）：47-50.

[5] 李思雨，杨竣淇，邵乔伊，等.中外合作办学外方教师教学质量评价体系研究[J].江苏科技信息，2022，39（5）：56-60.

[6] PERKINS G. The teaching excellence framework（TEF）and its impact on academic identity within a research-intensive university[J]. Higher education policy, 2019, 32（2）: 297-319.

[7] UTTL B, WHITE C A, GONZALEZ D W. Meta-analysis of faculty's teaching effectiveness: student evaluation of teaching ratings and student learning are not related[J]. Studies in educational evaluation, 2017, 54: 22-42.

[8] CARLESS D, SALTER D, YANG M, et al. Developing sustainable feedback practices[J]. Studies in higher education, 2011, 36（4）: 395-407.

［9］ 曾五一.统计学类专业教学质量国家标准解读［J］.中国大学教学,2019（11）：6-9.

［10］ 田志龙,高闯.工商管理类专业教学质量国家标准：为什么、是什么［J］.中国大学
教学,2019（3）：33-36.

［11］ 杨延,陈栋.中国本科教学评估制度：历程、经验与前景［J］.新疆师范大学学报
（哲学社会科学版）,2020,41（5）：95-102.

［12］ 李冲,苏永建,马永驰.高校改进和完善学生评教制度的实践探索［J］.现代教育
管理,2017（12）：69-73.

［13］ 潘鸣威,冯光武.质量是核心,评价是关键：论《高等学校英语专业本科教学质量
国家标准》中的评价要求［J］.中国外语,2015,12（5）：11-16.

［14］ 郭铭.以学生为中心的高校教学质量评价体系构建探究［J］.山西青年,2021
（12）：55-56.

［15］ 梅磊,梁晓磊,贺三维.高校新工科教学质量评价体系建设［J］.教育教学论坛,
2021（37）：5-8.

［16］ 林琳.数据挖掘在地方高校课堂教学质量评价体系中的构建应用［J］.教育信息化
论坛,2022（13）：39-41.

［17］ 李倩.互联网时代背景下线上线下混合式教学质量评价体系构建：以地方应用型
本科高校为例［J］.中国新通信,2022,24（13）：179-181.

［18］ 王晓亚,赵辉,李素梅.全面质量管理在独立设置成人高校教学质量评价体系中
的应用探究［J］.才智,2021（18）：77-80.

［19］ 宋海涛,蔡树龙,高巍.引入OBE理念的高校教学质量评价体系构建与应用［J］.
金融理论与教学,2021（5）：103-107.

中外教学资源整合下的
会计国际化人才培养模式研究

◎ 刘志杰

（辽宁大学新华国际商学院）

摘要： 在全球经济深度融合、竞争加剧等新形势下，高校应积极面对会计行业在新经济形态下的多重挑战。本文通过对国内高校现有的会计类国际化人才培养模式存在的问题进行阐述，探讨适合我国国情和社会需求的会计国际化人才培养模式，以便对中外合作办学院校的教学改革实践提供一定的借鉴和参考。研究认为，中外合作办学院校应重新定位会计人才培养目标、改革完善课程体系建设、优化教学方法等，并通过健全会计类国际化人才培养模式建设的保障机制，有的放矢地借鉴和整合国外会计专业人才培养模式和教学资源。

关键词： 教学资源整合；会计国际化；人才培养模式

◆◇ 一、引言

随着全球经济的深度融合和我国"一带一路"建设进程的加快，越来越要求我国本土企业不断提升自己的国际竞争能力。其中，人才的国际化程度是决定企业国际竞争力强弱的一个重要因素。因此，我国亟须大批高素质的国际化人才。

2016年，财政部发布的《全国会计领军人才培养工程发展规划》通知明确指出：会计人才是我国人才队伍的重要组成部分，是维护市场经济秩序、推动科学发展、促进社会和谐的重要力量。2018年，财政部印发的《国际化高端会计人才培养工程实施方案》进一步指出，为进一步加强国际会计交流与合作，积极参与并影响国际会计标准的制定，不断提高我国会计话语权和影响力，更好地为我国经济走出去服务，切实维护国家利益，应当加快国际化会计人才的选拔和培养工作。可见，加快高端国际化会计人才培养工作显得日益重要和紧迫。我们需要遵循"服务大局、内外兼顾、培用结合、统筹协调"的原则，着力打造一支国际视野开阔、实务经验丰富、专业能力突出、英语应用娴熟的国际化高端会计人才，更好地服务于我国会计工作的国际交流与合作。

高校实现社会服务功能的核心在于人才培养。基于我国高校的实际情况，整合中外教学资源，培养具备国际意识、国际视野的高素质、国际化、专业型人才，是当前我国高校的重要职责[1]。2021年，财政部印发的《会计改革与发展"十四五"规划纲要》指出，应加快构建适应经济发展、产业结构调整、新技术革命和国家治理能力现代化等新形势的会计学科专业体系。因此，高校会计专业的教育教学模式需要积极响应时代需求，积极面对会计行业在新经济形态下的多重挑战，将培养出一批具备国际视野、国际专业素养与综合能力的国际化高端会计人才充分体现在高校会计专业教育之中。

本文旨在探讨适合我国国情的会计国际化人才培养模式。本文首先分析国内会计类院校现有人才培养模式存在的问题，提出会计国际化人才的培养目标及优化其培养模式的建议，形成兼具国际化与本土化特点的会计人才培养模式，以满足我国经济社会发展对会计国际化人才的需求。本文提出的建设内容和保障措施，对提升会计类中外合作院校的办学水平具有重要的现实意义，可以对其会计教学改革与实践提供一定的借鉴和参考。

◆ 二、我国会计类国际化人才培养模式当前存在的问题

在当今这个快速变革的时代，我国在培养会计类国际化人才方面暴露出一些问题，主要体现在以下三个方面。

第一，会计类国际化人才培养的理念落后，培养目标亦不够清晰。在大智移云（大数据、人工智能、移动互联和云计算）和业财融合的新时代背景下，部分高校在会计专业本科教学中所遵循的"重理论、轻实践""重考试、轻技能"的传统教学理念和培养模式与现实的人才需求状况严重脱节，学生的实践能力培养没有得到高度重视。这与当前会计人员迫切需要向"业财融合"方向转型的现实需求不相适应。现阶段，在我国高校会计专业的人才培养目标设定方面，除中山大学将其设定为"国际化与本土化相结合""具有国际视野""高素质的专业人才"、暨南大学将其设定为"适应国际经济一体化""国际视野的高素质复合型高级管理人才"、华南理工大学将其设定为"与国际接轨的创新型专业""高级管理事务的高级会计人才"等以外，大部分高校还停留在培养国内会计人才的层面。在这种状况下，学生具备的知识结构和能力自然难以适应国际化、复杂化的市场环境特征及其对实践应用型人才的能力要求[2]。在全球经济快速发展的背景下，高校的会计人才培养目标应立足于既熟悉国际会计准则，又能够熟练运用商务英语，以及善于沟通的高素质、复合型、创新型的专业人才。因此，高校会计专业的教育教学工作应从课程体系设计、教学模式选择、对外交流与合作、师资培养等多个方面着手，构建以国际化和"业财融合"为导向的会计人才培养模式，使学生通晓各主要国家

的会计准则，具备较强的实践能力和灵活的双语沟通能力。

第二，高校会计专业的人才培养框架与课程体系不适应人才国际化的需求。许多高校搭建的会计国际化人才培养框架不够完善，会计专业课程设置和会计专业教材结构不合理，基本与普通的国内会计人才培养框架模式没有区别[3]。很多高校没有设置具有国际化特点的会计专业课程。即便有所设置，与国外会计院校的课程相比，其在内容与逻辑上的衔接也不够紧密完善。由于受费用、版权等因素影响，国外原版的会计专业教材很难广泛使用，给学生提供的教学资料很多是由授课教师自行编写的课程讲义。中外合作院校中，会计专业课的教学要融入英语语言的学习，如果专业课教师的教学尺度把握不好，容易出现"重语言、轻知识"的倾向。即使能够做到英语语言和专业知识传授的充分融合，也可能出现"重理论知识、轻实践应用"的被动填鸭式的授课模式，教学过程中缺少教师与学生的互动，导致学生缺乏学习热情。

第三，高校会计教育手段以课堂教学为主，普遍存在重知识灌输、轻能力培养的现象[4]。会计是一门实践性和应用性都很强的学科。如果忽视对学生实践能力和分析解决问题能力的培养，将会极大影响会计人才的培养质量。要想培养出具备国际视野的高层次会计人才，就必须积极向实践靠拢，使学生在具体的情境问题中锻炼、提升相关能力。由于财会人员在日常工作中经常接触资金或企业账本，工作内容的特殊性和敏感性要求财会人员必须保持高尚、严谨、细致的职业道德。然而当前我国会计专业的本科教育教学方式多数是以理论和知识灌输为主。一方面，学生缺乏会计职业素养教育的熏陶与培养，缺乏深入、系统的会计职业道德教育和思政课程的设置，可能会导致会计专业学生在未来复杂的工作环境中，经受不住利益的诱惑，做出损害企业乃至国家利益的错误行为；另一方面，大部分会计专业学生只有在校内接受教育的经历，只有极少数知名会计院校中的学生有机会参与国内外院校间的交换生培养项目、国内外大型企业的实习项目或国际学术交流会议。国内高校培养国际化会计人才存在的另一个普遍难题是缺乏切实有效的国际实践交流平台。

◆ 三、中外合作办学在培养会计国际化人才方面的优势

（一）有助于加快我国会计专业高等教育的国际化步伐

目前我国高校中外合作办学的培养模式主要有"2+2""3+1"和"4+0"三种模式。无论学生采取哪一种模式、是否出国学习，只要学生想获取国外院校的毕业证书和学位认证，就需要学习国外院校安排的课程并通过其考试考核。在中外合作办学的过程中，引进的外方教育资源带来了国外先进的教学理念、优质的会计教学资源和强大的会计专业师资力量。这将极大地提升我国高校的教学水平，提高其国际知名度和国际影响力。

（二）在培养会计国际化人才方面有着自身独特的优势

在我国目前的教育体系中，中外合作办学在国际化人才培养方面具有无可比拟的独特优势。随着我国改革开放事业的深入推进和社会经济的快速发展，学生和家长对高等教育呈现出需求多样化的趋势特点。一部分学生渴望通过中外合作办学项目接触和接受国外的教学理念和培养模式，以便适应经济全球化这一不可阻挡的发展趋势。中外合作办学的国际化特点带来了国外的教育理念、教育方法、教学内容及教学经验，也带来了不同文化和不同思维方式。学生接受国际化教学理念的熏陶，有助于开阔其视野，在专业能力上得到一定提升。

（三）在助力推动"双一流"建设方面发挥重要作用

2016年2月，教育部印发《教育部2016年工作要点》的通知提出，加快一流大学和一流学科建设，制订"双一流"实施办法。"双一流"建设是国家层面的战略布局，要求高等教育全面融入世界教育的大环境中。作为推动高等教育国际化的重要方法之一，中外合作办学机构和项目在引进知名教授和教学团队、提高人才培养质量、培养一流学科等方面，可以发挥强大的支撑和引领作用。在引进国外先进教育理念的同时，中外合作办学院校可以整合各方的优势教学资源，着力培养符合国际标准的创新型、应用型、复合型人才，为面向国际化的"双一流"建设开辟发展路径。

◆◇ 四、中外合作办学院校会计类国际化人才培养模式的建设内容

重新定位会计国际化人才的培养目标，以"专业胜任能力"作为人才培养的重点。高校应该认真研读财政部于2021年印发的《会计改革与发展"十四五"规划纲要》，构建适应经济发展、产业结构调整、新技术革命和国家治理能力现代化等新形势的会计学科专业体系，转变人才培养思路，更新陈旧的教育观念，培养造就高水平会计人才队伍。国际高等商学院协会（Association to Advance Collegiate Schools of Business，AACSB）认为商科教育（包括会计学）应该努力实现十个目标：有效的沟通能力、商业伦理、商学通识、批判性思维、有效的决策能力、解决问题的能力、整合不同商学专业知识的能力、全球性思维、团队能力、专业能力。在这十个目标中，专业能力列在最后，而批判性思维能力的培养最为重要。如果学校过分关注学生专业理论知识的学习，忽视对学生思维方式、分析判断能力、沟通交际能力、领导力等"软实力"的提升，那么培养出来的会计专业毕业生将很难适应国际社会的要求，难以胜任实际的工作。因此，在制定我国会计教育国际化的人才培养目标时，高校不应该局限于对学生专业技能的培养，而应该将眼光放长远，应该依据国际会计教育准则公告框架对职业会计师培养目标的要求，确定以"专业胜任能力"为人才培养的主要目标。在国际会计教育准则公告框架中，

"专业胜任能力"被定义为具有在工作场所胜任工作的专业能力，具体包括专业知识、专业技能及专业价值、道德与态度三个方面。我国会计教育国际化进程要从多角度、多方面在学生的能力培养上下功夫，让学生不仅能够应对会计基本计量与报告工作，还应具有会计工作中的职业判断能力、职业沟通能力、职业道德判断及遵守能力。

充分整合国内外优质的会计教育资源，完善会计专业教材及课程体系建设。会计国际化的人才培养目标要求会计的课程体系安排与设计都要体现出国际化的特点。课程设置是否科学合理将直接影响会计专业的人才培养质量[5]。目前，我国高校会计专业的本科课程一般包括"基础会计""中级财务会计""高级财务会计""财务管理""成本会计""管理会计""审计理论与实务""税法"等。在课程设置上，高校普遍比较注重提升学生的专业理论知识水平，而忽视实践教学；并且开设的课程大多仅仅围绕会计专业，口径较为局限，其他经济管理类课程则较少涉及。这种课程设置容易限制学生的思维，使其不能站在会计学科与其他学科相联系的角度综合全面地分析问题。因此，在课程的设置方面，中外合作办学院校应充分考虑国际化市场对会计人才的能力需求，调整优化课程设置，增设拓展相关课程，例如，开设"会计职业道德"课程，可以系统全面地提高学生的职业道德素质；开设"国际金融""国际贸易"等课程，可以让学生了解国际市场的动态，拓宽知识面；开设"信息技术""组织与企业管理"等课程，可以使学生的知识结构更好地与国际社会现实需要相契合。同时，需要增加实践教学的课时和学时，注重能力方面的培养，加强能力方面的训练，使学生的实践应用能力得到全面提升。

借鉴国外先进的教学经验，优化教学方法。在传统的"以教师为中心"的教学模式下，会计课程的课堂气氛往往比较枯燥沉闷。这既不利于调动学生的学习热情，也不利于培养学生的创新性思维。国外高校一般提倡学生是课堂的中心，鼓励学生在课前自主预习、课上积极参与讨论、课后自主进行深入探究。国外教师一般采用问题导向型的教学模式，在连环提问之后，让学生自己思考探究，或者组建学习小组，通过小组内部的讨论、案例研究、文献互评等多种形式开展学习交流，在此基础上完成研究报告。在这种灵活自由的、以能力培养为导向的教学形式下，学生的积极性得到充分调动，学生的课程参与度得到有效提高，学生的自学能力和思考能力得以增强。因此，中外合作办学院校应该从国际化会计人才的特点出发，寻求科学合理的教学方法。首先，应鼓励教师采用案例教学的授课方式，改变以往照本宣科的灌输式教学方式，促使学生踊跃参与课堂讨论，提高学生分析、解决问题的能力。其次，应提高教学质量，实现教学内容的及时更新。国际会计准则与我国会计准则是一个动态的发展过程，几乎每年都有新的政策和规定出台，因此高校会计专业教学应是一个动态更新的活动，使学生随时了解这些重大变化，培养学生关注专业前沿信息的兴趣和习惯，及时了解世界经济发展的最新动态。

打造符合会计专业特点的学生实践平台。实践是检验真理的唯一标准，会计专业学习更需要关注实践能力的培养。要实现会计国际化人才的培养目标，打造学生社会实践平台是至关重要的一个环节。首先，高度注重学生的实践教学。高校应开辟专门的会计、金融实践场所，引入甲骨文、用友、金蝶等财务软件，结合具体案例，模拟企业的经营流程，为学生创造角色体验的仿真环境，进行业务操作和协调决策。这样的实验过程使学生能够将课堂知识直接活学活用在知识情境中，激发学生的学习兴趣，提高学生的实践技能，增强团队合作意识。其次，打通国际化的人才培养通道，开展国外学习与交流活动。具体包括：第一，拓宽海外交流渠道和交流机会，建立与国外会计院校间的交流关系，通过提供海外交流奖学金等方式为学生搭建海外交流平台。其次，积极开展与国外高校的教育合作，拓展联合培养模式。通过合作院校之间的短期学生交换项目、联合培养项目、寒暑假短期实习项目等方式，充分利用国际教育资源。让学生走出国门是使学生开阔视野、增进知识、提高国际交流能力最直接有效的方式。再次，高校还应拓展与企业的合作领域，落实校外实习基地，建立产学研一体的联合培养机制，使学生有机会接触企业会计实务工作，真正实现在实践中锻炼的目的。最后，鼓励学生积极参加国内外工商管理领域的各级各类竞赛及产学研合作项目等，拓宽会计专业学生课外实践活动的范围，激发学生参与实践竞赛的兴趣，使学生有机会在实践活动中锻炼创新能力、解决问题能力和团队合作能力等。

加强师资队伍的建设。国际化会计人才的培养离不开具有国际化视野、良好语言能力和深厚专业知识的高水平专业师资队伍[6]。因此，中外合作办学院校应顺应高等教育国际化的发展要求，努力建设并打造一支具备创新思维、熟悉中外双方教育理念并能有效融合的国际化、专业化师资队伍。首先，优化会计专业的教师结构。一方面，可以选拔优秀的会计专业青年教师赴国外访学，加强与国内外会计专业院校的人员交流；另一方面，可以选派部分专业教师去知名的企业、事务所参加实习或调研，实地考察用人单位对会计人才的需求情况，从而有针对性地调整会计专业培养方案。其次，拓展会计专业教师的聘用标准，精心挑选和引进一些高水平的会计实务界人士，如高级会计师、注册会计师等，担任会计专业的授课教师。由于这些人具有丰富的实践经验和敏锐的专业洞察力，往往能够给予学生更多理论联系实际的指导。最后，现有教师也要不断完善自身的知识结构，提高自己的理论水平和业务能力。教师应积极更新专业知识储备，主动接受会计领域的新知识、新技能。高校也应不断加强中方教师的进修培训，鼓励和支持教师继续深造，以便在语言沟通、科研融合、专业交流等方面都能不断进步。

◆ 五、中外合作办学院校会计类国际化人才培养模式的保障机制

在国际经济交往日益频繁的当今时代，为了培养复合型、创新型的国际化会计人才，我国会计类高等院校应该有的放矢地吸收国外会计专业院校的教学理念，有所选择地学习借鉴国外会计专业院校的教学模式。

（一）坚持人才培养的社会主义方向

引进国外优质教育资源的根本目的在于培养社会主义建设人才。在中外合作办学院校中，中外教学资源的充分整合和融合，虽然可以吸收国外先进的教学手段方法和内容，但也可能带来与我国价值观念、思维方式等不相容的内容和信息[7]。因此，为了实现我国高校的人才培养目标，必须将专业课教学与思政课教学相融合，将国外知识体系与我国国情相衔接，将会计理论知识与实践能力相结合，将知识教育与价值引领相结合，这样才能真正培养出既具备高素质、复合型、国际化特点，又能致力于我国经济建设的会计人才。为此，中外合作办学院校在引进国外优质教育资源的过程中，要紧紧围绕我国社会主义建设事业的需要开展工作，以培养社会主义事业的建设者和接班人为目标。

（二）增加国外教育资源引进的科学性和实用性

中外合作办学院校在制定课程计划和培养方案时，中方不能将国外院校的课程内容全盘照搬引进，而应该遵循实用性和科学性的原则，引进那些可以改善中方薄弱环节的教育资源，真正提升中方院校的教学水平和办学实力。教学计划和人才培养方案的设计还应充分体现国际化与本土化的有机融合，真正体现交流融通和优势互补。

（三）吸收融合与创新发展相统一

在引进借鉴国外教学资源的过程中，要遵循"优质是引进的基础、融合是引进的关键、提质增效是引进的目标"这一出发点，将前期的教学资源引进、中期的吸收融合及后期的发展创新贯穿于人才培养的全过程，做好中外双方的理念融合、课程融合、师资融合、管理融合，在教学资源融合的基础上实现发展创新，切实提升引进优质教育资源的效益。因此，在国外优质教育资源引进和本土化融合的过程中，不仅要关注国外资源引进这个阶段，而且需要充分考虑本土教育资源和我国高校的自身特点和优势，实现中外教育资源的深度融合，并加以创新发展，努力探索适合我国国情和发展目标的会计人才培养新思路、新方法和新模式。

（四）建立完整、系统的会计职业道德教育体系

会计是一门与金钱有关的学科，会计工作人员在实际工作中会时刻面临职业道德的考验，因此，会计工作对于会计人员有非常高的职业道德要求[8]。国际上将会计职业道德教育分为四个阶梯形步骤：传授职业道德知识，培养职业道德敏感性，促进职业道德判断能力，维持符合职业道德操守的行为承诺[9]。会计工作要求从业人员不仅具有相关职业道德的知识，还要拥有足够的职业道德敏感性及职业道德判断能力，并能够在实际工作中遵守职业道德。在纷繁复杂的国际经济形势下，具备这样的判断力和职业道德，

能够在遇到职业危机时及时悬崖勒马。因此，在职业道德教育上，应当遵循国际会计师职业道德准则理事会发布的国际教育标准第4号（IES4）的建议，设置独立的职业道德课程，并将职业道德教育融入到会计学的专业课程中，贯穿会计国际化教育的整个过程，使学生成为具有职业道德判断能力的高素质人才，提高中国会计人员的公信力。

◆◇ 参考文献

[1] 鄢晓.中外合作办学引进国外优质教育资源的影响因素和基本原则[J].江苏高教，2014（1）：120-122.

[2] 赵凤兰.高校中外合作办学引进国外优质教育资源研究[J].中国成人教育，2014（22）：45-47.

[3] 马瑞华，张彩芸.普通高校中外合作办学引进优质教育资源的路径探索与研究[J].大学教育，2022（8）：260-262.

[4] 王义魏.中外合作办学本科教育项目课程体系存在问题及优化：以广西民族大学为例[J].中国市场，2017（30）：214-215.

[5] 陈瑜，唐宏敏，秦卫星.中外合作办学背景下国外优质教育资源的引进、消化与吸收：以长沙理工大学为例[J].教育教学论坛，2019（15）：4-6.

[6] 韩冠爽.我国高等教育国际化内涵式发展现状、原则与路径研究[J].教育理论与实践，2020，40（33）：3-5.

[7] 董俊峰，倪杰.我国高校中外合作办学的新走向[J].江苏高教，2020（11）：120-124.

[8] 夏晓燕.我国会计教育国际化发展现状与路径探究[J].品牌研究，2018（5）：87-88.

[9] 董南雁，张俊瑞，苏洋.我国国际化会计人才的概念框架、培养模式与质量提升[J].会计研究，2020（1）：38-48.

中外合作办学高端会计人才培养研究

◎ 薄　澜　刘冰倩

（辽宁大学新华国际商学院）

摘要： 近年来，中外合作办学会计专业作为我国会计教育对外开放的主要形式正蓬勃发展。中外合作办学创设会计专业，既有助于提升我国会计理论的国际竞争力，又有助于为我国及国际市场培养具有国际视野的高端会计专业人才。本文从中外合作办学会计专业的现状切入，剖析当前中外合作办学会计人才培养存在的主要问题，结合我国国情提出相应的对策建议。通过不断优化教育资源、改革教学方法和完善教学体系，中外合作办学会计专业将会切实成为有益于学生、高校及国际市场的优质办学模式。

关键词： 会计专业；中外合作办学；人才培养

◆ 一、引言

培养更多具有国际竞争力的青年优秀人才是我国高等教育改革与发展的必由之路，也是当前教育改革与优化的必然要求。《国家中长期教育改革和发展规划纲要（2010—2020年）》提出，国内高等教育建设应加强与国际院校的交往和合作力度，引入高质量的教学资源，培养大批具有国际视野、通晓国际准则、能够参与国际事务和国际竞争的国际化人才。高等教育院校要以习近平新时代中国特色社会主义思想为指引，积极主动地与国际接轨，打造更全方位、更宽领域、更多层次、更主动的教育对外开放局面。为此，中外合作教育必须更加明确自身的发展方向，以适应我国新时代教育现代化发展的需要。会计治理作为全球经济治理重要领域，是我国参与全球治理的重要抓手。会计专业作为国内外人才需求较大的一门重要学科，其中外合作办学的培养模式是否成功就显得尤为重要。《会计改革与发展"十四五"规划纲要》提出了"全面参与会计国际治理"的战略要求。在当今世界，加速会计教育向世界开放，不仅需要提高我国会计的国际竞争能力，而且需要持续培养具备全球化视野的高端会计师。

在全球经济发展的新时期，会计学科的发展面临着前所未有的挑战。在传统的产业经济时代，企业的会计信息是决策者推进商业行为的重要组成部分。然而，进入数字化经济时代后，企业会计信息与投资行为的关联度有所降低，导致人们对会计信息的可用性产生怀疑，更有人提出"会计无用论""会计消亡论"等观点。大数据、人工智能、移动互联网和云计算等新技术带来的商业模式、组织和制度的变革，也给传统的会计基本体系和理论发展带来了严峻的考验。知名会计学者周守华认为，我国深化会计体制的变革是必然的，如果我们能够把握好这次机会，实现对会计认识上的突破，就能由现阶段的"讲好中国故事，让世界倾听中国会计声音"，迈向"融入国际主流，引领国际会计发展浪潮"的更高台阶[1]。会计理论、会计教育和会计实践相互依存，不可分割。会计理论的发展需要通过会计实践来推进，而会计教育又对会计实践起着举足轻重的作用。由此可见，要使我国的会计理论在世界范围内获得广泛认可与尊重，关键一步是首先使我国的会计教育在国际会计教育领域获得广泛认可与尊重。

综上所述，加速和拓展我国会计事业发展的必经之路就是坚持我国会计教育对外开放。当前，在高校中外合作办学项目创设会计专业是我国会计教育对外开放的重要形式。本文主要探讨中外合作会计专业人才培养过程中存在的问题并提出相应的对策建议。

◆ 二、文献综述

随着中外合作办学的兴起与普及，有关中外合作办学国际化会计专业人才培养的研究成果为本文提供了理论基础与分析视角。张仲元等[2]指出，中国的国际会计教育必须顺应世界政治与经济形势的变迁，从以西方会计理念为主导转变为以坚持中国会计理念为基础，并在此基础上，探索出一套既适应全球发展又根植本土的中国化人才培养范式，在国际化会计人才培养标准和评价标准上给出中国定义。中外合作办学是当今世界上一种较为先进的教育方式，它在促进我国高等教育的国际化进程中起着举足轻重的作用。实行"中西结合"的教育方式，符合目前我国会计教育的需要。顾香[3]认为，就我国的会计教育而言，采取中外合作办学的方式，既能促进我国会计事业的发展，又有助于提高会计人才培养效果，让培养出的人才更具有国际意识，符合经济全球化发展对会计人才的要求。此外，我国教育对外开放进入新的发展阶段，中外合作办学应主动适应新发展格局和高质量教育体系建设的需要，持续进行政策创新，加强政策储备，提高政策效能[4]。但目前，我国高校的中外合作办学结构仍面临着机制运行不畅、规模与质量矛盾较深、学科专业结构贡献度低、教师队伍结构不够完善、布局结构统筹不合理等问题[5]。在如何理解外国教育新方式、如何认可中外共同开发课程等方面，都面临诸多挑战。在这一过程中，亟待解决的问题是如何进行有针对性的战略规划、规范性的制度设计。只有"破""立"并举、"制""治"融合，才能提升中外合作办学质量，提高办学效能[6]。

现有文献多从宏观层面进行理论研究与现状分析，关于中外合作办学存在的教学本土化问题的思考不够深入，因此，本文将对这一问题进行深入探讨。

◆ 三、中外合作办学会计专业发展现状及存在的问题

(一)中外合作办学会计专业发展现状

近几年,作为对外开放教育的主要形式,中外合作办学在国内迅速发展。据教育部统计,截至2021年底,已通过教育部审批并注册的各类中外合作机构和项目有2356个,其中包括本科以上机构和项目近1340个。在中外合作办学当中,会计专业人才的培养模式主要有"嫁接型""融合型""松散型"。"嫁接型"模式主要是同时包括中外双方的会计专业人才培养模式,学生可在国外注册国内就读,在学完双方规定的课程后,能够取得中国高校、国外高校双文凭。学生可自主选择"2+2""1+2+1""3+1"等教育模式,这样的教育模式可以为我国高校提供优质的教育资源,提升教育质量。"融合型"模式是在国外会计人才培养模式中,直接融入我国会计专业人才培养模式,主要是借鉴国外会计人才培养资源。该模式可以降低成本和缩短时间,提高教育改革的效率。然而,这一模式对选择的高校有很高要求。"松散型"模式主要是指会计专业人才培养仍由我国教师负责,外国教师短期讲学,同时选择会计专业教师和学生,到国外合作院校学习。这种模式适用范围比较广,但是难以完整借鉴国外教学经验,效果较为有限。现实中多为"嫁接型"与"融合型"融合。辽宁大学新华国际商学院会计专业就是"嫁接型"与"融合型"兼顾的中外合作办学代表。

(二)中外合作办学会计专业存在的问题

第一,盲目引进国外原版会计教材。目前,一些中外合作办学机构会计专业没有充分考虑中国会计准则与国际会计准则趋同背景,盲目地引进国外原版教材。一方面,原版教材价格昂贵,购买渠道有限,学生购买能力有限;另一方面,引进的原版教材往往版本较旧,在前沿知识理论传播、最新科研动态介绍、先进教学理念实践等方面处于落后状态。此外,国外原版教材中的内容与我国的制度和文化存在较大差异,脱离中国改革与市场实践,存在一些关于思想性、政治性审核方面的问题。

第二,会计人才培养目标定位不清晰。部分国外高校开展中外合作项目常常是出于盈利目的,即开发中国留学生市场。这种不良的观念使其无法形成较为稳固的办学特色,对其长期发展不利;此外,国外院校在本国的定位也可能与中方院校不匹配,导致两所学校的教学风格不能很好地融合。例如,国外院校注重于培养适应本国会计准则的应用型人才,而中方院校更侧重于培养精通国际准则和国内准则的复合型国际化人才。如果中方院校在开设合作项目时直接照搬国外的会计专业课程,该项目的人才培养目标就会不清晰,实施方案也会变得混乱。我国会计准则与国际准则基本趋同,但在某些科目具体的核算方法上仍有差异。中外合作办学项目直接用外国会计课程替代我国会计课程,会导致学生不熟悉我国会计制度,无异于限制学生的未来发展,较直接地影响学生

后续深造效果，增加了学生通过国内会计资格考试的难度，降低了学生在国内市场就业的竞争力。

第三，课程考核体系设计不合理。虽然目前有许多中外合作办学会计专业借鉴了国外的教材与授课计划，但没有充分吸收国外优秀的教学方法与模式。国外会计课程的考核往往采用多样化灵活的考核方式，如小组作业、案例分析演讲等。但部分中外合作院校仍然采用传统的教学模式，导致很多学生在考前死记硬背，无法对会计专业知识做到真正地领悟和运用。或者教师仅是从形式上组织学生进行分析演讲，而不对学生的分析在内容方面给出实质性指导，导致学生的综合职业素养没有得到真正提高。

第四，中外双方师资力量融合不充分。由外方主导的中外合作办学院校的授课计划往往完全由外方制订和实施，专业课也采用全外教授课模式。这种模式对学生的外语水平要求较高，学习能力一般的学生往往较难适应。为解决此类问题，中方院校一般采用中外教师相互配合模式，由外方教师进行主讲，中方教师对学生进行课后辅导。这种模式虽然有利于提高学生的学习效果，但中方教师常处于较被动地位，与外方教师的合作沟通有限。其原因既在于中外双方教师在授课前缺乏科学系统的合作规划，又在于当前教师面临着一些现实困难。例如，双方教师不完全熟悉对方会计专业课的知识体系、教学习惯存在较大差异等。上述问题对我国会计专业中外合作项目的实施效果造成了不利影响。

◆ 四、中外合作办学会计专业实现高端人才培养的建议

首先，引进优质的国际会计教育资源。这是中外合作办学的关键，对培养世界一流的会计人才具有重要意义。对于目前仍然存在的引进资源档次低、引进资源形式较为落后的问题，未来应该围绕学科建设、师资队伍建设、国际本科生及研究生培养等工作，加强与国际知名高校的全面合作，通过不断探索新途径并深化合作内容，有效引进优质国际教育资源。

其次，设定符合国情的人才培养目标。中外合作会计项目应本着为国家培养国际化的高端会计专业人才的理念，在全面调查和研究国内外会计专业人才市场需求的基础上，根据高校所处具体区位的不同，结合本校的总体人才培养目标，精确定位出适合中外合作办学会计专业培养的具体实施方案。在弄清培养对象自身特点的基础上，科学地制订培养计划，从学制和学位、培养规格、主干学科及特色、主要课程、学分要求、课时分配、教学计划、实践环节和学习指南等方面综合考量。此外，思想政治教育作为学生道德教育的重要教学内容，在保障学生全面发展中承担着重要的教育任务。为了保障学生的健康全面发展，在教学中应充分结合时代对人才培养的要求进行教学模式改革，充分有效地发挥思想政治教育的育人价值，在为学生拓展国际视野时也要为学生树立正确的价值观，有效提高教育质量，促进学生全面发展。

　　再次，设置益于学生综合能力提升的课程体系。一是对国际化会计专业人才所需的会计专业知识讲授内容进行全面的掌握；二是解决国外语言给学生知识理解带来的偏差并及时进行干预与纠正，理顺语言课与专业课之间的重要程度；三是理顺国内会计专业课与国外会计专业课之间的逻辑关系，及时进行归纳总结，凸显差异，避免混淆。此外，应突破传统的思维模式，采用新的教学方式，例如，由中外双方教师共同合作讲授一门会计专业课，通过对比讲授专业知识，既可以让学生充分理解会计专业知识的国别差异，又可以训练学生的语言交流能力。通过不断的课程改革与创新，力求为中外合作办学会计专业提供一套独具特色的优质课程，以提升我国的教育质量和效率。

　　最后，打造中外融合的高水平师资团队。一是提高中方教师出国进修的频率，对教师出国访学的成果有实质性考核；二是加强中外双方教师的合作力度。一方面，加强中外教师的科研合作力度，通过合作撰写高水平论文，增进深层次理解与互信，并以科研促进教学；另一方面，以科学研究推动教育，加强中外教师在课堂上的交流合作，开展优质的课堂建设，切实实施中外合作会计专业高端人才培养计划。

◆◇ 五、结语

　　当前中外合作会计专业正在蓬勃发展，我国已经创办了一系列中外合作会计专业项目，积累了一定经验，对我国会计教育对外开放起到了促进作用，但仍存在诸多问题需要解决。未来，要为学生提供有益于其未来职业道路发展与后续深造需要的高品质中外合作办学。立足本土，需要努力为国家培养具备全球视野的高端会计专业人才；放眼国际，要高举合作共赢的旗帜，致力于与世界各国在会计教育领域的互利合作和交流互鉴，为推动构建人类命运共同体贡献力量。

◆◇ 参考文献

［1］　中国金融会计学会秘书处.中国金融会计学会常务副秘书长李民与中国会计学会常务副秘书长周守华举行会谈［J］.金融会计，2015（9）：81.

［2］　张仲元，王开田.国际化会计人才培养范式创新研究［J］.中国高等教育，2020（10）：49-51.

［3］　顾香.中外合作办学中会计专业教学改革探讨［J］.现代经济信息，2019（4）：474.

［4］　林金辉，凌鹊.中外合作办学高质量发展：政策轨迹和政策供给［J］.高校教育管理，2021，15（6）：1-12.

［5］　景婷婷，陈鹏.新时代高等教育中外合作办学结构改革的成效、问题与展望［J］.黑龙江高教研究，2022，40（7）：38-45.

［6］　林梦泉，吕睿鑫，张舒，等.新时代中外合作办学质量治理体系构建理论与实践探究［J］.中国高教研究，2020（10）：9-15.

中外合作办学视域下师生协同成长模式探索与实践

◎ 王书林

（辽宁大学新华国际商学院）

摘要：中外合作办学通过广泛的对外交流与合作，拓宽了人才培养的国际视野，促进了我国高等教育在人才培养方面的创新与升级。在新时代背景下，中外合作办学的高质量人才培养离不开师生协同成长。本文构建了师生协同成长的人才培养模式，即思想协同、知识协同及能力协同。师生协同成长将有力促进国际型人才的培养，助力中外合作办学的高质量发展。

关键词：中外合作办学；人才培养；师生协同成长

◆❖ 一、引言

党的二十大报告中指出："教育是国之大计、党之大计。培养什么人、怎样培养人、为谁培养人是教育的根本问题。育人的根本在于立德。"这一重要论述为我国高等教育的发展指明了方向目标。一切教育手段和目标都必须围绕人才培养展开。只有打造出一流人才的高校，才能够在世界一流大学中占据一席之地。作为优化高等教育资源，提升教育国际化水平的重要途径，中外合作办学迄今已走过了三十多年的历程，取得了丰硕的成果[1]。广泛的对外交流与合作，拓宽了人才培养的国际视野，促进了我国高等教育在人才培养方面的创新与升级。然而，在新时代背景下，中外合作办学亦面临着许多新的挑战。人才培养的主体是学生，但在人才培养的过程中，教师起到至关重要的作用。只有注重师生协同成长，才能不断提升师生的能力与素养，并最终提升人才培养质量。

◆◇ 二、中外合作办学的人才培养现状

2015年10月，国务院印发的《统筹推进世界一流大学和一流学科建设总体方案》明确指出，高等院校要"加强与世界一流大学和学术机构的实质性合作，将国外优质教育资源有效融合到教学科研全过程，开展高水平人才联合培养和科学联合攻关"。2021年3月发布《中华人民共和国国民经济和社会发展第十四个五年规划和2035年远景目标纲要》强调了开展高水平中外合作办学的重要性。2020年，中国教育在线发布《本科阶段中外合作办学数据调查报告》，截至2019年底，全国已有600余所高校举办中外合作办学机构和项目，数量达到2238个。合作对象涉及近40个国家和地区，800多所外方高校，涵盖11个学科门类200多个专业。中外合作办学机构和项目每年招生超过15万人，其中高等教育占90%以上，毕业生超过200万人。目前，中外合作办学已进入了高水平、示范性发展的新阶段。

许多学者就中外合作办学的人才培养问题展开了研究。董俊峰等[2]从办学主体视角出发，指出部分高校对合作办学的目的性认识存在偏差，在没有充分调研了解的情况下草率引进外方教学资源与师资，最终无法保证人才培养的质量。尹晓菲等[3]认为，中外合作办学人才培养的改革创新离不开互联网技术的推动和支持。王小琳[4]指出，在人工智能时代，中外合作办学可以有效地利用人工智能、大数据等技术，将本土资源与国外课程资源进行科学、系统化整合，从而更好地实现本土化与国际化全面发展的人才培养目标。刘志杰[5]认为，开展课程思政建设是实现中外合作办学思政育人的重要手段，是坚持社会主义办学方向的重要保证。伊艳杰等[6]提出了"四位一体"的大学生创新能力培育模式，即培养创新意识、优化课堂教学、参与科研平台和建立合理评价机制。既有研究虽然已经取得了较为丰硕的成果，但仍存在着一些不足。例如，大多数研究试图从课程设置、教学资源整合、教学创新等视角分析，旨在提升人才培养的质量。但在这一过程中，学者却常常忽略了教师在多元化国际型人才培养中的重要作用，因而鲜有学者从师生协同成长的视角去进行相关研究。不可否认，中外合作办学人才培养的主体是学生，但高质量的人才培养离不开师生协同成长。

◆◇ 三、中外合作办学的人才培养目标

中外合作办学的国际化人才培养目标主要有以下三个。

第一，人才培养应以思政教育为引领，实现"为党育人、为国育才"。习近平总书记在2016年召开的全国高校思想政治工作会议上强调，高校要坚持把立德树人作为中心环节。高等教育旨在培养高层次创新型人才，这些高层次人才将成为推动我国经济发展和社会进步的中流砥柱。只有在学生的思想政治教育上精耕细作，才能培养出既具家

国情怀，又具国际视野，同时有良好的职业道德，能担当时代重任的国际化人才。近些年，很多高校都加大力度开展思政课程与课程思政建设的工作。然而，要做到"润物细无声"的思政导入，教师就必须进一步提升责任意识。高校教师作为知识的传授者、价值观的塑造者、人类文明的传承者，肩负着立德树人的重任。中外合作办学院校要不断涵养师德师风，做到以德立身、以德立学、以德施教。

第二，提升学生学术水平，使其具备国际化知识体系。中外合作办学在整合国际优质教学资源方面具备得天独厚的优势。在人才培养过程中，应该充分利用中外合作办学积累的国际化资源优势，在任何课程模块的教学中，都应将跨文化知识和国际合作理念融入现有课程体系之中，从而使学生拥有立足国内、放眼国际的开放性视野。通过中外教师在教学与科研方面的充分合作，中外合作办学可以提升双方教师的教学与科研水平，最终实现学生专业水平与学术能力的大幅提升。

第三，全面提升学生创新能力与实践能力。高校培养的国际化人才应该具备卓越的创新与实践能力。新商科建设背景下中外合作办学以培养创新型人才、复合型人才和应用型人才为目标。要求学生在了解国际前沿知识的同时，能理解我国经济发展中的优势与不足；能够将本土优势和特色融入国际知识体系，进行自我创新，提升自身的国际竞争力。

◆◇ 四、"师生协同成长模式"的体系构建

本文以人才培养目标为导向，充分利用国际合作办学中的国际化人才优势、专业优势和资源优势，构建师生协同成长的"思想协同""知识协同"与"能力协同"体系，以此实现师生协同成长的人才培养目标（图1）。

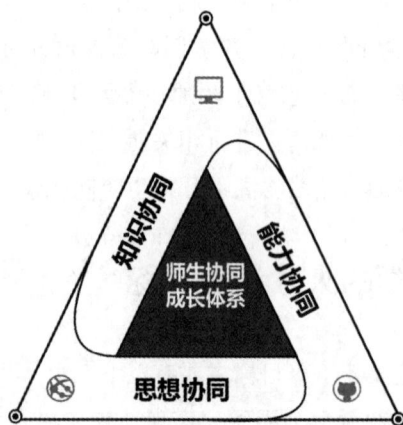

图1　师生协同成长体系

韩愈在《师说》中的提到的"师者，所以传道授业解惑也"，就已经明确指出了教师在教学中的重要作用。"传道""授业""解惑"也正好对应人才培养的三个维度（思

想、知识、能力）目标。

首先，三个维度中的核心维度是"传道"，即思想协同，在信仰力层面上，师生应该达到共振。思想协同的本质是教师与学生在价值理念和世界观上达成一定共识，并在此基础上实现思想的交流和碰撞。这需要教师在自身价值观成熟稳定的前提下，通过耐心倾听，理解学生的想法，掌握学生价值观念的状态。教师在这一过程中应该充分发挥引导作用，帮助学生去认识社会发展的方向，形成正确的世界观、人生观、价值观。

其次是"授业"，即知识协同，在学术力层面上，师生应该协同成长。知识协同是在"传道"的基础上，在知识维度上实现教学相长的良性循环过程。在科技高速发展的时代背景下，知识协同不仅仅要求学生去主动了解和吸取知识，更需要教师具备持续更新专业知识结构的能力。因为各学科专业知识更新迭代速度不断加快，教师要让课程内容与时俱进，就必须及时掌握本学科前沿动态，并将新知识有机融入教学之中。只有这样，教师的知识传授才能为学生成长提供正确的方向。

最后是"解惑"，即能力协同。它强调教师和学生在创新能力和实践能力两个方面实现同步成长和提高。在创新能力方面，教师在鼓励学生发散思维、探索多种解决方案的同时，也要不断学习新知，激发自身的创新思维。在实践能力方面，教师要通过真实问题导入、实习等实践教学设计，引导学生将所学理论知识运用到解决实际问题中。同时，教师要积极了解行业发展，接触实践技能。

◆ 五、"师生协同成长模式"的路径保障

近年来，学术界流行的发挥学生主观能动性的自主学习、翻转课堂，以及各种多媒体技术、网络手段为教学赋能，都模糊了教学中教师的核心地位。究其根本，因材施教的主体是教师，使用各种技术手段的主体还是教师。师生协同成长体系的构建，三个维度上师生协同的达成，对作为教育主体的教师提出了极高的要求。

首先，教师本身必须具备正确的价值观、扎实牢固的知识储备、灵活卓越的实践能力。这一点是师生协同的基础。中外合作办学的师资构成较为复杂，尤其在外籍教师的管理上应注意以下三点：第一，在外籍教师的甄选上，应把文化认同作为重要的考量指标；第二，可以通过组织观影或旅游的活动，提升外籍教师对中华文化的了解与认同；第三，建立动态的外籍教师考评制度，确保能及时发现并纠正不当行为。在专业知识储备方面，学院应鼓励教师积极参与国内外教学及科研会议，为教师创造到国内外高校访学的机会，不断提升教师对学科前沿的把握。在实践方面，教师比较缺乏与企业合作进行实践的机会，导致真实问题引入课堂的能力不足。学院应鼓励教师拓展实践教学，将"走出去"与"引进来"相结合。鼓励师生走出校园，通过走访企业、以赛促学等方式参与社会实践；同时邀请企业人员进入课堂，通过讲授企业真实案例，提升师生的实践能力。

其次，教师要保证师生的沟通顺畅。这一点是师生协同的途径，教师需要及时发现学生思想意识或者道德品质上的问题，并且及时干预，将可能出现的问题降低到最低程度。要做到这一点，需要教师和学生保持深入的沟通交流，及时了解学生的思想动态、学业情况。

最后，教师要保证自身先进性。这一点是师生协同的增益，教师需要不断提升自己，做到与时俱进。这种提升可以是内源性的，因为要为学生提供道德指引、完成知识更新、带来应用创新，教师主动提升自己的三个维度并完成认知更新。这种提升也可以是外源性的，通过与学生沟通，由学生的思想、咨询、困惑引起思考，从而促进自我提升。通过两个驱动源引发的提升，教师的自身综合素质能够不断完善，更好地提高自身的综合素养。

◆ 参考文献

[1] 郑隽娴. 新时期我国本科及以上层次中外合作办学的现状分析与对策研究 [J]. 哈尔滨学院学报, 2023, 44 (6): 140-144.

[2] 董俊峰, 倪杰. 我国高校中外合作办学的新走向 [J]. 江苏高教, 2020 (11): 120-124.

[3] 尹晓菲, 李继娜. "互联网 + 教育" 视阈下中外合作办学人才培养模式改革探究: 以河北省为例 [J]. 理论导刊, 2016 (4): 96-99.

[4] 王小琳. 人工智能时代中外合作办学人才培养存在问题及策略探究 [J]. 人才资源开发, 2022 (21): 67-69.

[5] 刘志杰. 中外合作办学院校课程思政建设的困境与对策研究 [J]. 教育科学, 2022, 38 (5): 52-58.

[6] 伊艳杰, 杨艳会, 李瑞芳. 中外合作办学背景下大学生创新能力 "四位一体" 培育研究 [J]. 湖北开放职业学院学报, 2022, 35 (23): 1-2.

中外合作办学高校会计学专业教材体系构建研究

◎ 王轶英

（辽宁大学新华国际商学院）

摘要： 随着中外合作办学项目的不断发展，会计学专业双语教学在实践中不断积累经验。结合辽宁大学新华国际商学院的会计学专业的教学实际，引进英文教材有优势，也有不足。在加大教材选用审查力度的同时，鼓励教师团队自编英文教材，将符合我国国情的思政元素、案例等融入教材，并配套线上电子教学资源，以此建立完善的教材体系，为中外合作办学的会计学专业教学提供基础与保障。

关键词： 中外合作办学；会计学专业；教材体系

◆ 一、引言

为顺应国际化人才需求，近年来在教育部的大力倡导下，高校中外合作办学项目不断发展，会计学专业双语教学在实践中不断积累经验。中外合作办学专业教材的建设是中外合作办学专业课教学的前提与保障。教材对于改变传统的教学方式、促进人才培养和提升教学质量具有重要作用，是中外合作办学人才培养过程中不可缺少的教育教学资源，扮演着培养学生国际化视野、增强其知识应用能力的角色[1]。在这样的背景下，高校会计学专业能否采用高质量的英文教材，是提升中外合作办学及本土双语教学人才培养质量的关键因素。

目前，我国中外合作办学会计专业教材建设的情况不容乐观，绝大多数的高校采用引进版的全英文教材进行教学，而我国本土的会计学英文教材却非常稀有。教材的质量直接影响着会计专业课教学效果，对现有教材体系进行改革势在必行，具有深刻的现实意义。因此，开发一套符合我国国情、适合我国高校教学要求及难度的会计学英文专业教材具有非常紧迫的现实意义。

国内外高校对"教材"的理解有差别。国内多数高校仍处于一本书讲到底，教材上有什么，教师讲什么，考试就考什么的状态[2]。从与辽宁大学新华国际商学院开展合作办学的英国德蒙福特大学及很多国外高校的教学情况来看，很少有课程只选用一本教材，多是同时指定多本参考教材。授课教师在课前对本门课程知识体系进行整合，整理出每个模块的讲义，在课前发放给学生，并在课后指定对应参考书目的相关章节，要求学生自行阅读。这对于中外合作办学机构和项目的学生，特别是低年级学生来说，挑战较大。因此，选用什么样的教材才能帮助学生快速地适应教学模式的转变，值得办学者深入思考和探究。现结合辽宁大学新华国际商学院的办学状况，谈一谈对教材体系的建设思考。

◆◇ 二、联合培养会计学专业课程体系概况

按照《中华人民共和国中外合作办学条例》的要求，一些中外合作办学机构和项目主要采用国外合作院校的教学大纲和教学计划，但也有很多机构和项目结合母体院校的专业特色与合作方课程体系中具有先进性、创新性的课程，打造联合培养课程体系[3]。辽宁大学新华国际商学院会计学专业采用第二种模式，围绕国际化人才培养目标，构建联合培养课程体系。

辽宁大学新华国际商学院针对大一学生进行一年的强化培养，有利于学生在较短的时间提升英语水平，以适应二年级以上的专业课全英文教学。学生将在大二进入会计学专业课程体系的学习。学院引进了英方优势专业基础课程，如会计学原理、财务会计、管理会计等，还保留了本校原有的专业优质特色课程，如财务管理、会计与商业智能、会计前沿专题研究等。双方还共同开发了融合两国国情的课程，教学内容具有前沿性，教学过程注重实践性，以激发学生学习的自主性，达到国际化的培养目标。

◆◇ 三、教材选用现状

目前，我国中外合作办学会计专业教材建设的情况不容乐观，普遍存在教材单一、引进教材不合理、缺乏系统会计专业教材体系等情况。国外英文原版教材通常价格昂贵，且为国外教学量身定制，一般篇幅较长，体系结构庞杂，内容上以国外的经济、法律、法规等为背景，一些内容不适合我国全英文或双语教学课程使用，而我国本土的会计学英文教材却非常稀有。

对于引进和共建课程，辽宁大学新华国际商学院采用"外方教师全英语教学+中方教师双语教学"的模式，在教材选用上形成了以英文教材为主、中文教材为辅的格局。英文教材包括国外出版社的原版教材和国内一些大学出版社、高等教育出版社等出版的英文教材。中文教材则主要来源于国内著名的专业出版社。但也有很多课程未指定教

材，而是由教师选取各方资源整理出讲义，发放电子材料或复印材料给学生。

◆◇ 四、全英文教材的优势与不足

（一）引进全英文教材的优势

全英文教材在中外合作办学会计学专业人才培养中有较强的优势。目前，辽宁大学新华国际商学院选取的全英文专业教材都是建立在国际会计准则理事会（IASB）的概念框架基础上的，围绕会计学原理和实务等的一套知识体系，对于学生了解并掌握国际会计惯例、学习国际会计准则有很大帮助，有利于培养国际化会计学专业人才。

英文原版教材重视理论联系实际，实用性案例比较丰富，具有科技的时代感和新鲜度，图文并茂，通俗易懂，便于学生理解会计原理和实务，容易激发学生掌握教材内容的动力，也可加强其对专业知识的整体把握能力。同时，有些教材的课后习题资源也非常丰富，教师版的题库资源为教师设计课堂测验和期末考试等提供参考。

较多原版教材配有光盘、教学指导资料和PPT课件，有些还配有工程计算软件。立体化的教材模式有利于激发学生的学习兴趣和学习主动性，有助于学生提高对所学知识的掌握、巩固和举一反三的应用能力。

英文原版教材非常适应外方教师的教学思维模式和教学需要，也有助于开拓中方教师的教学思维，拓宽教学思路，促进教学方式的改进，也增强了课程教学的挑战性和吸引力，要求教师必须认真地进行课堂教学设计，更好地进行课堂教学。

（二）引进全英文教材的不足

虽然全英文教材有自身的优势，但是引进全英文教材在很多方面不能满足本土会计学专业人才的培养目标。

首先，原版教材通常价格较高，每册需要花费几百元甚至上千元，也限制了学校对更多优质原版教材的选用。国内出版社引进的英文教材虽具有价格优势，但是可供选择的版本较少，不能满足会计学整体知识体系的教学所需。

其次，一般英文原版教材的撰写符合国外师生的思维习惯，很多教材直接由案例入手，而非从严格的定义和理论推演开始。因此，我国学生使用外文原版教材时，除了语言障碍，还需要调整思维方式。从案例入手，能在短时间内吸引学生，使其产生新鲜感。但从长远考虑，因为教材涉及众多案例，不利于学生对专业核心知识体系的把握，不利于培养学生严密的逻辑思维能力。而且，众多的案例也会加大学生的阅读量，使得我国学生不得不花费大量精力来解决语言问题，只重视英语语言应用能力的提升，而忽视了专业知识学习的推进，影响学习的进度和深度。另外，由于国情、经济环境背景、意识形态等因素存在差异，国外的案例也不完全适用于国内的教学。

再次，如果单纯使用英文原版教材而缺乏配套的中文教材，没有对相应的国内专业知识进行比较学习，会使学生缺失对国内该专业领域知识的了解，也不利于日后工作中用准确的中文专业术语与国内同行开展沟通与交流。

此外，会计学专业课具有长期性、连续性、循序渐进传授知识和技能的特点，但是全英文教材通常缺乏系统性，如不同出版社出版的初级、中级、高级会计教材之间存在脱节、知识点重叠等现象。某些职业资格考试（如国际注册会计师职业资格考试）的教材虽然有较为完备的知识体系，但是太过注重技术性，不能完全满足复合型会计学专业人才的培养目标。

最后，也是非常重要的一点，在课程思政方面，会计专业人才的职业道德教育至关重要，而引进的英文教材通常无法满足要求。全英文教材中关于职业道德教育仅是罗列职业组织的道德准则相关规定，并不能从思想深处启发学生发自内心地服从遵守。

◆ 五、关于教材体系建设的几点思考

引进优质教育资源，推动我国课程、教材和教学改革是我国开展中外合作办学的主要目的之一 [4]。结合辽宁大学新华国际商学院实际，在中外合作办学机构和项目选用及开展教材建设时，应注意如下几点。

（一）加强教材选用的审查制度

鉴于外文原版教材存在难易程度不适用、知识体系缺乏衔接、意识形态不易把握等原因，不适合完全引入。此外，部分课程由任课教师自行查找资料编辑教案完成教学，部分专业知识难以进行规范讲授。因此，有必要成立由教学院长、专业负责人及外聘该专业领域的资深专家等组成的教材体系建设管理委员会，制定一套科学有效的教材及讲义评估体系，创建适应自身发展、科学合理的教材审查制度，对选用的教材及讲义材料质量进行把关。

（二）组织教师集体自编英文教材

中外合作院校双方合力对教材进行整体规划，并从课程完整体系角度共同开发教材。由本院教师主笔，并邀请该领域国内外的专家学者，参照国外教材的编写思路来编写教材，将中外两国的教材内容进行融合，嵌入适宜的国际化元素，以便更好地解决教材之间的衔接问题和教材的内容问题，既具有科学性、趣味性、广博性和时代感，又适合我国国情与学情，且能保证教材中专业名词的规范性表述，促进学生的全面发展。例如，在财务会计与报告方面，可以依据下列教材体系编写。

1. 会计学基础

会计学基础教材，应使用较为浅显易懂的语言介绍会计专业词汇、会计的基本原理

和基本操作，为学生继续学习中级、高级会计奠定语言和知识基础。同时，应包含大量例题与练习题，便于初学者理解和掌握这些基本知识。

2. 中级财务会计

中级财务会计教材，应遵循新准则、新法规，使用专业术语及编制报告的方法，遵循最新的国际会计准则与法规。此外，应注重理论与实践相结合，将会计职业道德融入教材，力求帮助学生掌握会计法规体系及会计法的主要规定。

3. 高级财务会计

高级财务会计教材，适用于大学四年级或者会计专业硕士，应纳入最新国际会计准则中较为复杂的部分，如金融工具、租赁等较为晦涩难懂的准则，并结合我国及西方国情的实际案例，引导学生自主思考，学习如何运用会计师的职业判断分析并处理问题。

（三）加强思政元素的融入

会计学作为一门非常贴近实务操作的学科，培养学生的职业道德意识、严守准则、明辨是非、遵纪守法、诚实守信的品质至关重要。因此，在教材中应融入足够的思政元素，强化学生日后在会计工作中依法、依规处理经济业务，以及严格遵守各项相关法律、法规的意识。

因此，在会计学教材体系建设中，应结合学生的财务会计、管理会计等知识，将思政元素融入课堂并延伸到课后，使学生切身体会到中华传统文化的博大精深，同时引导学生关注时事政治，了解国家宏观因素对企业发展的重大影响，着力引导学生培育和践行社会主义核心价值观。培养学生诚信、正直、有担当的职业道德，深化学生理论功底，增强学生职业判断能力。

（四）创建丰富的电子资源

随着信息化和数字化技术的发展，知识的传授不再仅限于线下课堂。会计学教材体系的建设可以充分利用线上资源，结合引进和自编的教材，授课教师可将信息量较大、内容丰富的理论和案例、实证研究成果等资源编辑成电子资料，供学生课堂讨论和课后研学。授课教师还可录制视频课程，讲解一些课上较难理解的例题，便于学生课后反复观看，查缺补漏。

◆◇ 六、结语

随着中外合作办学项目不断发展，国内高校对教材的需求已经从最开始绝大部分引进外文教材的状态，发展到如今由引进教材、教师自编教材及讲义相结合的状态。引进教材在很多方面难以满足会计学专业学生知识体系建立与完善的要求，而教师自编的教材及讲义在质量上难以把控。建立科学合理的教材体系，是中外合作办学项目质量的重要保障。我们需要加大教材选用的审查力度，对教材体系进行严格把关、合理论证；同时，我们需要组织教师集体自编英文教材，融入中华传统文化、儒家思想等丰富的思政元素；另外，建立丰富的线上电子资料库，为学生课后复习、拓展知识提供保障。

◆◇ 参考文献

[1] 曾建兰.中外合作办学教材建设中的问题与对策研究 [J].高教学刊，2017 (6)：24-25.

[2] 刘平，于险波.高校中外合作办学教材建设研究与实践 [J].黑龙江高教研究，2010 (5)：140-141.

[3] 寇建新，朱晓飞，林晓梅.中外合作办学的国际多元化课程体系构建的分析与研究 [J].当代教育实践与教学研究，2019 (7)：96-97.

[4] 赵蕾，熊仲明，王军良.关于中外合作办学教材建设的几点思考 [J].教育教学论坛，2022 (45)：13-16.

中外合作办学国际化创新人才培养与通识教育

——融合与创新模式的探索

◎ 吕　屹

（辽宁大学新华国际商学院）

摘要： 本文着眼于中国高等教育改革的关键问题之一：中外合作办学中高素质的创新型国际化人才培养，从开展通识教育的必要性入手，着重探讨了如何依据国际化创新人才培养目标，从构建系统的国际化教学机制、构建合理的通识教育课程体系、强化学生的跨文化交际能力与实践能力三个方面构建国际化创新人才培养融合与创新模式，从而有效地推动教育国际化的持续发展。

关键词： 国际化创新人才；通识教育；融合与创新模式；跨文化沟通能力

构建国际化创新人才培养模式，已经成为中国高等教育改革的重要内容。高素质国际化创新人才培养不仅是经济全球化和高等教育国际化的必然趋势，而且是构建人类命运共同体的必然要求。在技术层面上这也是中国高等教育重新审视、客观评价和勇于变革的良好契机。中外合作办学作为我国高校开展国际合作的重要形式，在其具体运行过程中虽然取得了一系列重要成果和宝贵经验，但仍然面临着一些需要研究和改进的问题。在中外合作办学中，如何因地制宜实现洋为中用，培养既有专业特长又有人文素养、既有国际视野又有家国情怀的人才，已经成为亟待解决的关键问题。目前中外合作办学的发展阶段已经由依法办学规范管理转向注重提质增效，而提质增效的关键在于提高人才培养的质量[1]。课程设置在人才培养中具有基础性作用，直接决定人才培养的质量和效果，必须给予高度的重视。从历史经验看，开展通识教育无疑是提高人才培养质量的有效途径之一。

◆ 一、中外合作办学国际化创新人才培养中开展通识教育的必要性

（一）通识教育有利于人的全面发展

通识教育是中外教育的共同理念和共同经验，是经过历史检验的成熟人才培养模式。儒家经典《中庸》对学者提出"博学之，审问之，慎思之，明辨之，笃行之"，稍晚的古希腊亚里士多德提出"自由人教育"。经过2000多年不断阐释发展到近现代，主流观点一致认为，通识教育在个人成长中的人格塑造、能力养成和事业开拓方面，具有不可替代的重要作用。

在大学教育中，通识教育已经成为理念共识和实践共识。爱因斯坦曾经说过，大学教育的价值，不在于记住很多事实，而是训练大脑会思考。普林斯顿大学网站也很好地诠释了通识教育的概念：通识教育作为本科教育的重要组成部分，旨在教会学生如何思考、辨析、描述与证明，以批判的视角审视各种信息资料，清晰有说服力地表达观点。可见通识教育是将知识传播与人才培养融于一体的[2]。大学通识教育主要侧重于培养学生的学习能力、思维能力和创造能力，引导学生校正和夯实世界观、人生观、价值观，激发学生创新探索精神和家国天下的人文情怀。从而在通识教育模式下，培养学生实现智力和道德相统一、身心和品格相协调的全面发展。在此基础上，具备独立思考及善于探索解决问题的能力，成为积极融入社会并服务和建设社会的中坚力量。

（二）通识教育的基本维度

通识教育的维度本质上是人才的评价标准，人才标准即通识教育维度。近年来，许多机构和专家学者从不同视域和角度，对人才进行定义，例如，1996年，世界21世纪教育委员会提出了21世纪人才素质的七条标准：一是积极进取的开拓精神；二是崇高的道德品质和对人类的责任感；三是在急剧的变化的竞争中，有较强的适应能力和创造能力；四是有宽厚扎实的基础知识，有广泛联系实际解决实际问题的能力；五是有终身学习的本领，适应科学技术综合化的发展趋势；六是有丰富多彩的健康个性；七是具有与他人协调和进行国际交往的能力。又如，部分人力资源学者总结归纳出国际化人才的几大特征：具有国际视野和全球意识；熟练掌握一门以上国际通用语言；在某一领域精通专业知识或具有娴熟技能；具有跨文化知识和交际能力；具有较强的实践操作能力、创新意识和团队合作能力。

综合上述颇具代表性主流观点，国际化创新人才评价标准应聚焦在意识、知识、品格、能力和作风几个维度，通识教育可以围绕这几个维度进行开展。例如，在知识方面可以打破学科分类过细过窄导致的学科封闭和知识隔离，培养学生跨学科兴趣和能力，

实现不同知识的融会贯通，从而全面提升解决问题的能力。学生在遇到具体问题时，可以通过比较开阔的跨学科视角进行批判性思考，通过广泛收集各种信息资料，充分与他人交流合作，实现不同文化和不同专业之间的有效沟通。本科院校中外合作办学虽然开设了部分通识教育课程，但在具体教学实践中通识教育更多偏向于部分公共课及一些科普性质的知识教育，与欧美教育发达国家重视系统公民教育及价值观引导方面知识相比，中外合作办学培养的学生偏向于专业性，缺乏综合性，鉴于此，有必要进一步完善通识教育，参考教育发达国家的课程设置，增加一些哲学等方面的教育，以及加强写作能力和口头表达能力的培养，探索国际化创新人才培养的可行模式。

（三）通识教育中坚持正确意识形态取向

中外合作办学的初衷是引进国外先进经验和优质教育资源，丰富和完善学科建设，洋为中用，拓宽视域，促进教育改革，增强活力，提高办学水平，提升我国教育国际化竞争力，为中国式现代化建设提供高质量人才供给。中外合作办学要始终坚守这个初衷，坚持正确的育人方向，坚定不移地以培养社会主义接班人为目标。《中华人民共和国中外合作办学条例》中明确规定，中外合作办学必须遵守中国法律，符合中国教育事业发展的需要，保证教育教学质量。因此，在通识课程内容的设置上，既要吸取国外先进经验，兼收并蓄，也要精心选择，不能泥沙俱下。要以正确政治方向为指导，加强对学生世界观、人生观、价值观的教育。培养信仰坚定、学识兼备、品质过硬、作风优良的高素质人才。

◆ 二、中外合作办学国际化创新人才培养融合与创新模式的构建

（一）依据国际化创新人才培养目标，构建系统的国际化教学机制

建立中西融合的课程体系。借鉴国外教育教学理念，为满足课程设置要求，在各专业教学计划中，除设置中外双方互补的专业课程外，可以考虑以限定选修的形式涵盖若干门跨学科课程，如英语国家社会与文化、跨文化交际学等，使学生在掌握商科基础理论和专业知识的同时，深刻体悟国外教学理念的特色与优势，并通过了解西方人文思想与传统，认识全新的思维理念与价值观，拓宽具有全球意识的国际化视野。课程体系可以引入适量的英语课程及学分，如以专业基础课类型开设英语语言课程，并覆盖一、二年级4个学期教学计划。这两年内的英语课程设置可以参考英语专业的课程学习与强度，同时为有效控制英语课程在总课程学分中所占的比例，可以采用高课时低学分的策略。强化英语能力培养，可以使商学院学生在掌握商科专业知识的同时提升英语能力，尽管这可能会付出较高的教学成本，但可以突显中外合作办学培养国际化人才的特质[3]。

组建高质量的国际化师资队伍，倡导研究讨论式教学模式。努力实现外教比例高、海归比例高、学历学位高、学科结构丰富等特色。国际化的师资队伍不仅是高校国际化实施进程中的重要力量，也是衡量一个高校国际化程度的重要指标[4]。引导教师对传统教学方法进行改革，采用国外研究讨论式教学。作为在国外课堂教学中普遍运用的重要教学手段，研究讨论式教学注重的是对学生分析问题、解决问题的能力培养。这种方式能够让学生在课后和课前主动学习，查阅资料，编写研究报告，并在课上以宣讲（presentation）的形式展示给同学，培养自我判断能力、分析能力和沟通能力。中外双方教师，积极将研究讨论式教学法引入课堂，开展能动性教学活动，引导学生结合国际国内热点问题做主旨发言，教师点评并计入考核成绩。

引进先进的教学管理系统，使其兼具组织教学和教务管理两大功能。在教学管理系统的支持下，教师教学的各个环节及学生的学业情况全部体现在系统管理和监控之下，能够使教师充分展现出独具特色、科学合理和富有效率的考核办法，方便师生互动、学生自主学习，特别是学业考核中的作业完成，分组活动，单元、期中、期末测试，以及学生平时通过题库进行自我测试等温习活动，学业完成后所有评分考核环节全部在系统体现，并能够自动按各项权重进行综合评价，得出学生该门课程的最终成绩。该系统可以有效促进学生课堂学习的积极性和课后学习的主动性，通过该系统的学业过程考核，能够方便提高平时成绩比重，克服应试教育的弊端[5]。

采用独特而多层次的教学质量监督机制。例如，项目目标监控、课程目标监控和教师授课质量监控的三重监控教学监督机制。项目目标监控可以主要由环节推进表进行总体指导，以目标管理的方法层层推进，保证项目总体方向；课程目标监控以教学大纲为蓝本，指导整个学期教学，大纲须在学期之初公布，除了包含课程内容外，还要有详细的评价方法，使课程管理规范透明；教师授课质量监控采取督导来访听课和学生评教两种方式。

（二）依据国际化创新人才培养目标，构建合理的通识教育课程体系

始终围绕办学目标进行通识教育。借助中外合作办学，学习借鉴发达国家或地区的教育经验，补齐学科短板，培养国际化创新人才，增强我国参与教育全球化的软实力，为教育走出国门、走向世界积累经验。中外合作办学通识教育课程的开设、实施教学和组织考核都必须围绕上述目标展开。

通过合理设置与管理课程，做好通识教育。通识教育课程包含哲学和社会科学知识、自然科学知识、思维科学知识和艺术欣赏培养。这些课程内容的取舍要坚持因地制宜的原则，以人才培养需要为标准，可以根据实际情况分别设置在公共基础课和公共选修课中。目前，虽然我国高校通识教育课程门类和内容正在逐步完善但仍需构建符合中国国情的中外合作办学通识教育课程体系。

以本土化与国际化的有机结合为原则做好通识教育。一方面，要开发设置本土化的

通识教育课程，让中外合作办学通识课程的教学模式更好地适应和融入本地的教学生态环境；另一方面，要基于培养通晓国际事务、具有国际视野的高素质创新人才的中外合作办学目标，重视通识教育的国际化，努力提高学生的国际化意识。国际化通识课程的开设要考虑其在消除国际交流的碰撞和冲突中发挥的越来越重要的作用，鼓励学生积极主动地接受多元文化，与不同文化背景的人打交道时注重人与人的相互理解与沟通尊重，引导学生学会尊重文化的多样性，理解和包容不同的文化。

借助通识教育与专业教育的融合发展做好通识教育。专业教育要求专业人员具有从事某项专业领域所必备的专业学习背景，应与通识教育互为补充，互为促进，共同构成中外合作办学国际化创新人才培养的有机组成部分[6]。

要重视书面和口语表达能力的培养。写作既是文字策略，也是思想表达，涉及人的思维能力和逻辑分析能力，是创业干事的必备技能。在通识教育中，设置相关课程，使学生掌握必备的表达策略技巧。良好的口语表达能力关乎沟通效果，是优秀人才的重要基本功之一，要引导学生下功夫学好通识教育。

中外合作办学通识教育要注重教师的遴选，尤其是选择合适的外籍教师。教师是良好教学质量的保证，中外合作办学通识教育要格外重视课程教师的选拔。要选拔博雅精深、学贯中西、立场坚定的教师教授通识课程，充分调动教师积极性。而对于任课的外籍教师，上岗前要进行培训，明确告知在我国教授通识课程的注意事项，要审核其教学内容。绝不能让通识课堂成为某些外籍教师传授西方腐朽意识形态的场所。

（三）依据国际化创新人才培养目标，强化学生跨文化交际能力与实践能力

注重中西方课程体系的结合。不断尝试在中西结合的课程体系中引进国外各种通识类课程，如人类学、英美文学、英美电影、音乐欣赏、英文写作等，使学生不仅能够更深入了解世界文明和文化、增长知识，而且能够有效地消除跨文化沟通障碍[7]。

增加与国外合作院校的互访。大量学生参与和服务两校间官方访问活动，感受中外交流的气氛，丰富学生阅历的同时，也可以增进学生的跨文化交流意识，提升跨文化交际能力。使学生直接受益的交换生项目作为国外交流项目发展中与学生直接相关的安排，可以考虑每年多派出学生，使他们直接得到跨文化交际能力的训练。

努力打造国际化的行政管理团队。一方面，行政管理人员是外籍教师与学生之间沟通的纽带，也是外籍教师与教学机构交流的桥梁，行政管理人员的跨文化交际能力直接影响到国际化管理的效率与质量，使外籍教师与学生、学院之间的信息传递更加顺畅；另一方面，跨文化交际作为行政管理人员日常工作的必然环节，是学生学习与模仿的对象。

通过实践教育模式培养学生的创新实践能力。在课堂内，引进国内外优质教育资源，注重教学的实践性，通过微观经济学、宏观经济学、会计学、管理学、营销学导论

等专业基础课，大力开展实践教学和案例教学，努力提高学生实际分析问题和解决问题的能力。不断改革考评方式，利用稀释化的考核机制注重学习过程学生的主动参与，也可以考虑增加案例分析的考核内容。同时通过举办系列专业知识讲座，使企业家、职业经理人走进课堂，现身说法，用鲜活的实践事例诠释基本理论。

在课堂外，主要通过开展实践教学模式，不断提升学生的实践能力和社会适应性。组织学生参加计算机系统模拟实训，购置相关系列软件，为相关课程的教学和实习提供服务；组织学生参加各种专业大赛，通过参加系列实践性强的赛事，学生在对所学的理论做到融会贯通的同时，真正掌握实践技能；将学位教育与职业教育相结合，引导并辅导学生报考各类资格证书，如国际注册会计师资格证书、商务英语资格证书等，拓宽学生的择业范围，提升学生的择业能力和环境适应性。加强与校外企业、公司开展合作，建立大量的实践教学基地，为学生提供岗位实习机会，提高学生的社会适应性和应用能力，并通过实地学习实现从书本到实践，从实践到应用的飞跃。

◆ 三、结语

长期以来，我国的高等教育专业教育模式为国家快速发展提供了大量的人才资源和有力的智力支持。在此基础上，充分利用中外合作办学的国际合作教育形式，合理开展中外合作办学通识教育，有效地推动教育国际化的持续发展，培养高质量的国际化创新人才，更好地满足今后经济和社会发展的需要。

◆ 参考文献

[1] 魏胜强.中外合作办学模式研究 [J].扬州大学学报（高教研究版），2012（1）：37-46.

[2] 丁岑.国际化人才培养中的通识教育研究：兼论涉外高校思想政治教育的拓展 [D].上海：上海外国语大学，2014.

[3] 陈运香，赵扬.新时代"外语+"国际化人才培养途径的探索与实践：以河南师范大学中外合作办学项目为例 [J].河南教育（高等教育），2021（12）：35-37.

[4] 魏华颖.国际化人才培养与高等教育国际化 [J].人民论坛，2013（5）：134-135.

[5] 才宇舟.国际化人才培养模式的构建：以中外合作办学机构为例 [J].沈阳师范大学学报（社会科学版），2014，38（3）：135-137.

[6] 杨伟娜.高校通识教育与创新型人才培养研究 [D].西安：西北大学，2008.

[7] 韩家伟，肖治国，杨永吉，等.中外合作办学创新人才培养模式的融合与创新 [J].法制与社会，2017（3）：227-228.

中外合作办学内部教学质量保障体系建设

◎ 高 英

（辽宁大学新华国际商学院）

摘要： 构建完善的教学质量保障体系，是实施教学运行过程管理，实现人才培养目标的前提和基础，是中外合作办学项目可持续发展的基本战略。本文根据教育部对高校中外合作办学的评估结果，找出其现存问题，对合作单位、教学计划、教师队伍、教学资源、教学质量等基本要素逐一进行探讨，为厘清教学质量保障的基本思路奠定基础，并据此提出建设高校中外合作办学项目内部教学质量保障体系的基本路径。

关键词： 中外合作办学；教学质量；内部质量保障

近年来，随着全球化进程的加速，在我国高等院校中，中外合作教育已逐步成为一种重要的教育形式。中外合作办学项目作为一种具有国际视野和多元文化的办学形式，不仅能够拓宽学生的学习视野、提高学生的综合素质，还有助于促进国际教育交流和合作。2020年6月印发《教育部等八部门关于加快和扩大新时代教育对外开放的意见》，表明加快并扩大教育对外开放是我国教育事业、国家建设和新时代发展的必然要求，这不仅刻不容缓，而且正逢其时。然而，由于各国教育制度和文化背景的不同，中外合作办学项目的教学质量保障也面临着诸多挑战和难题。为此，有必要对中外合作办学内部质量保障体系进行一系列的改革和完善。

质量保障体系为高等教育机构提供了重要的参考框架与衡量要素。2013年，教育部出台了中外合作办学项目的综合评估程序，并逐步形成了"适当的、定期的"评估模式。高校需要不断调整质量管理目标和工具，以不断提高教育质量。此外，英国高等教育质量保证署（The Quality Assurance Agency for Higher Education，QAA）发布了《合作高等教育质量保证和学术标准的实践准则》（*Code of Practice for the Assurance of Academic Quality and Standards in Higher Education Collaborative Provisions*），对教育质量保证做出了详细规定，以确保教育和教学质量的持续改进。但是，由于管理体系和质量评估体系的高层规划不足，政策体系的执行能力不足，教育质量保障体系的预期性、连续性、及时性和功能性不足，学校项目责任人和质量管理机构的作用不足，中外合作办学项目的标准化程度不足，很难制定符合双方实际情况的质量标准。因此，有必要建立一个内部质量保障体系，组织中外合作办学项目的教学。

◆ 一、内部教学质量保障是高校中外合作办学质量保障体系的基础

中外合作办学内部教学质量保障体系就是对中外合作办学项目中各项教学活动与流程实施规范化管理、监督与评价，从而保证项目内部教学质量稳步提高。它不仅可以提高中外合作办学项目的办学质量，增强学生的竞争力和就业能力，还可以促进国际教育交流和合作，增进中外文化交流和了解。

我国的中外合作办学事业在改革开放以来，先后走过了若干个发展时期，现在已经步入了一个新的、高层次的、具有示范意义的发展阶段。在这个新的发展阶段，如何保证教学质量成为一个亟待解决的重要问题。高校教学质量建设的核心在于制定一系列的教学质量评价指标和教学质量保障体系。中外合作办学的教学效果与其所能提供的教学质量有很大的关联。中外合作办学教学质量的优劣，不仅会影响到中外合作办学中学生的成长与发展，还会影响中外合作办学对学校自身的可持续发展及中国高等教育的开放与国际化水平。

在中外合作办学的质量保障体系建设方面，其整体目标是：逐渐增加高品质、示范性的中外合作办学单位，逐渐产生一些优势专业和示范课程，使学校的结构得到更好地调整，使学校的布局变得更为合理，使学校的质量评估和认证体系变得越来越健全，构建质量监控和信息发布平台，从而推动高校的改革与发展，为国家或区域的经济社会发展做出自己的贡献。

在中外合作办学项目中，教学质量的内部保障是实现可持续发展的基本战略，它可以帮助服务机构对教学流程中的关键因素展开系统地诊断，从而让教学质量得到持续地提升，实现课堂教学活动的系统化管理。以质量制度为基础，以文化为抓手，构建健全的制约与激励机制，才能有效地保证教学质量。学校内部教学质量保障是学校教学的重要组成部分。

当前，我国的中外合作办学项目越来越多地关注外部的质量保障，例如，教育部对中外合作办学项目进行评估，社会组织对中外合作办学项目进行质量认证。在借鉴国外高等教育发展历史及成功经验的基础上，高校的质量保障应该由外在的强制质量控制转变为自身的调整与约束，构建高校的内在质量保障机制应该是高校共同的自律行为。尽管在中外合作办学的评估中，注重并强调了办学单位的自我评价，但从教育部进行的多

项中外合作办学评估的结果可以看出，在中外合作办学的项目中，存在没有通过评估的情况。为此，必须建立健全内外部自我评价机制，促进内外部自我评价机制的良性发展。

◆◇ 二、高校中外合作办学项目内部教学质量保障的基本要素分析

高校中的"中外联合培养计划"旨在为我国大学生提供一个具有国际视野的培养机会。为了保证内部教学质量，本文对中外合作办学项目内部教学质量保障的基本因素——展开论述，为理清内部教学质量保障的基本思路打下基础。

（一）合作单位选择与评估

选择一个合适的合作单位是确保内部教学质量的第一步。高校应该对合作单位的声誉、历史、排名及学科特长等进行考虑[1]。此外，还应该对国外合作单位的教学水平和教学资源进行评估，包括教师资格、教学设施、教学质量保障体系等方面。

合作单位的声誉和历史是选择的重要因素之一，应该选择有良好声誉和历史的高校或机构作为合作单位，以确保合作的可靠性和稳定性。选择排名靠前、具有一定学科特长的高校或机构作为合作单位，以确保教学水平和教学资源的优势。合作单位应该有完善的教学质量保障体系，包括教师资格、教学设施、教学资源等方面。选择愿意与国内高校合作的机构，并确定好合作模式和课程设置等细节。

在选择合作单位之后，需要对合作单位进行评估，以确保其教学水平和教学资源的优势。评估的要素包括教师资格、教学设施、教学资源、教学质量保障体系、学科特长和合作经验等方面。具体而言，评估合作单位的教师资格包括教育背景、教学经验、教学水平等方面；教学设施包括教室、实验室、图书馆、电脑等；教学资源包括教材、教具、教学软件、网上学习平台等；教学质量保障体系包括师资培训、教学质量评价、学生反馈等多个部分；学科特长和合作经验包括是否有类似的合作项目经验、是否有相关的学科领域经验等方面。

（二）教学计划设计

教学计划是合作办学项目的基础。进行教学计划设计时，应结合学生需求、学科特点和国际化教育要求，合理设置课程和教学方式，合理分配学分和学习负荷，建立有效的教学评估与反馈机制[2]，从而保证高校在中外合作教育模式下的教育教学质量。

首先，对学生的需求进行调查，包括对我国学生的背景、兴趣、学习目标、工作需要等方面的调查。通过调查问卷、面试或其他方式，收集学生的反馈和意见，以确定他们的学习需求和期望。其次，根据合作办学项目的学科特点，结合国内外高校的课程设置和教学要求，进行学科特点融合。确定合适的学科内容、课程设置和教学方法，确保

合作办学项目能够兼顾我国学生的需求和国际化教育的要求。在进行教学方案的制定时，必须对其进行适当的规划，并对其进行合理的安排，主要包括核心必修课程、选修课程及实践环节等。在保证主干课程的整体性与一致性和满足不同专业需要的前提下，教学方案制定有较大的弹性。再次，根据学科特点和学生需求，采用多种教学方法，如讲授、讨论、案例分析、实践操作、小组项目等。同时，利用信息技术手段，如在线学习平台、教学软件等，提供多样化的教学体验。根据课程的难度、内容和教学时间，确保每门课程的学分分配合理，并考虑学生的学习负荷和时间安排。合理的学分分配和学习负荷可以保证学生的学习效果和学业平衡。最后，以作业、测验、课堂表现等形式，评估学生在课堂上的表现，并及时给予反馈和指导。同时，建立学生与教师之间的沟通机制，鼓励学生提出意见和建议，以不断提高教学质量。

（三）师资队伍建设

在学校教育中，师资力量是保证教育质量的关键。在合作机构中，应当配备一批在国外受过良好教育、有丰富教学经验的师资。同时，教师应该具备跨文化交际能力，能够适应我国学生的学习特点，为学生提供有效的教学和指导。

在师资力量的构建上，必须从师资力量的招募和筛选入手。这包括广泛宣传招聘信息，吸引具有相关学科背景和教学经验的教师申请。通过简历筛选、面试等环节，选择符合要求、具有教学能力和经验的教师候选人。然后，通过对这些被选中教师的培训，提升他们的教学水平和教育观念。培训内容包括课程设置、教学评价、跨文化交际等。通过举办师资培训班、邀请专家讲授、举办教学研讨会等多种方式开展培训工作。

鼓励学科交流与合作。组织教师参加学术会议、研讨会等学术活动，与国内外的同行进行交流和合作。这有助于拓宽教师的学术视野、提高其专业水平，并且促进教师之间的合作与共享。要充分发挥高校师资队伍的主动性和创造性，构建科学的考核体系；设置教学奖励制度，根据教师的教学成果和贡献给予奖励。同时，建立教学评价体系，定期对教师进行教学质量评估，并针对评估结果提供指导和改进意见。

加强国际合作和交流，提高师资的国际化程度。与国外高校或机构建立合作关系，开展教师互访、学术交流和合作研究等活动。在国际合作与交流中，教师可以更深入地了解世界各国的教育思想、教育方式，从而提升自己的跨文化教学水平。重视教师专业发展与个性发展，营造优良的工作氛围。为教师提供必需的教学资源和支持，提高教师的教学效果及工作满足感。

（四）教学资源建设

要想保证内部教学质量，就必须有良好的教学资源。合作单位提供先进的教学设施、教学技术和教学资源，如教学实验室、图书馆、网上学习平台等。在此基础上，教学资源应适应国内学生的学习需求，为教师提供多元化的教学方式和教学资源。

教材和课程资源是教学的基础。合作办学项目需要选择与学科特点和教学目标相符合的教材，并进行必要的适应性调整。此外，还可以开发和收集在线教学资源，如教学视频、电子图书、教学案例等，以丰富教学内容，提供多样化的学习材料。

对于需要实验和实践的学科，合作办学项目需要建设或利用实验室和相关设备。主要包括实验室建设、设备购置及升级改造。确保实验室及仪器的高品质及先进水平，为学员进行实习及科研提供必要的技术支撑。为学生提供优良的学习条件，如教室、实验室、电脑室、自习室等。为了满足教师的要求，教室应该配备适当的教学设备和网络设施，并提供上网服务。

为学生的教学与科研，建立足够的藏书与电子资料。图书馆可以采购与学科相关的纸质图书和期刊，同时提供可订阅的电子期刊、数据库和学术资源，以满足学生的信息检索和学术研究需求。运用各种媒体及辅助手段，为学生带来丰富的学习资料及交互式学习体验。运用投影仪、电子白板、教学软件等手段对教学内容进行演示。通过网络教学平台、虚拟实验室等多种技术手段，实现对学生的远程教学与学生自主学习。

注重教师队伍建设与科研支撑。邀请国内外优秀的教师和专家担任讲师或顾问，提供学科知识的传授和指导。同时，组织学术研讨会、学术报告等活动，促进学术交流和学术合作。

（五）教学质量监控与评估

教学质量监控与评估是保障内部教学质量的重要环节。高校应该建立完善的教学质量监控与评估体系，对教学过程、教师、学生、课程等方面进行全面监控和评估[3]。在此基础上，通过对评价结果的分析与反馈，进一步完善教学质量保障机制，提升教学质量。

首先，明确高校教育教学质量监测的指标与标准。主要包括学生的学习成绩、学生的满意度、教学评价、教师的教学回馈等。指标的确定应该与合作办学项目的教学目标和课程特点相一致，具有可衡量性和可操作性。其次，根据所收集到的有关资料，可以对教学质量做出一个较为客观的评价。数据收集包括学生的作业、考试成绩、问卷调查结果、教学评价报告等。通过网络教学管理系统、问卷调查与教学评量工具等进行收集。再次，通过对所收集到的资料进行整理，得到了量化与质化的评价结论。在对资料进行定量数据分析的同时，还可以进行定性的教学观察和访谈。通过课堂参观和教学录像等方式，对教学方法和学生参与度等进行观察，访谈可以针对教师、学生及其他有关人士进行，询问他们对于教学质量的看法和意见。这些观察和访谈的结果可以对教学质量进行深入理解，并指明改进方向。最后，基于收集的数据和观察结果，进行教学评估并提供反馈。评估工作是指由专业的评估人员组成的评估团队，对教学质量进行评估，对评估结果进行分析，进而提出评估报告和改善意见。教师通过对评价结果及意见的分析，进行教学方法、课程设置等方面的调整与完善。教学质量监测评价工作是一个动态的、有规律的、有针对性的工作。教学质量监控结果应该被用于改进教学策略、提升师资力量、更新教学资源等方面。同时，还可以借鉴其他高校的教学创新等，推动教学质量的不断提升。

◆◇ 三、高校中外合作办学项目内部教学质量保障的基本路径

（一）理念创新先行，着力培育质量文化

理念创新是高校中外合作办学项目质量保障的先导。这就意味着，在开展中外合作办学的过程中，必须坚持"教育和教学质量第一"的原则，强调教育教学质量在办学中的核心地位，并在全体师生中倡导营造重视教育教学质量的文化氛围。当前，国内高校的中外合作教育还面临着许多问题，如质量保障不力、基础薄弱等。中外合作学者应该通过理论研究、政治和舆论的引导，逐渐形成一种与内部教学质量保障相符的观念，并担负起保证教学质量的职责，摒弃利益至上的观念。除了形成先进理念外，这些观念也应成为培养高校中外合作办学项目质量文化的共识。质量文化是指成员的质量行为方式及其所体现的质量价值观和标准，是长期的教育教学活动中，对人们行为有影响的传统习惯、行为准则、思维方式及价值理念的总和。质量文化的主要内容有质量目标与计划、质量价值观、质量意识和创新意识。注重培育和发扬具有自主创新能力的精神和实践，不断创新教育教学模式和方法，优化课程设置，提升教学质量和水平。同时，需要强化质量管理，建立科学完善的质量评价和监控体系，及时发现问题并采取措施加以解决，确保教育教学质量稳步提升。建立中外合作办学项目的学生、教师和管理者共同的质量文化，可以帮助实现降低内部教学质量保障体系的阻力，确保执行质量措施的力度和效果，从而为建立能够让人信服的质量保障体系和运作机制，提供无穷无尽的力量和让人信服的价值驱动力。

（二）把握关键要素，深化综合改革

在建设高校教师教育质量保障体系的过程中，要把握好其中的关键点，突出其系统性、针对性。许多以中外合作项目为背景的内部教学质量保障工作，由于没有把握住主要矛盾，没有克服根深蒂固的利益障碍，导致没有取得实质性的效果。在对课程设置、学生人数、教师结构和教学条件等方面进行改革时，如果触及到了利益层面，改革往往较难实施。在建立中外合作办学项目的内部教学质量保障体系时，要防止本末倒置、避重就轻，要从了解关键因素、解决深层次问题入手，从而提升教学质量保障的有效性，通过全面的"深水攻坚"式改革，实现中外合作办学项目的健康持续发展，深化高校中外合作办学项目的教学改革，提高教学质量，进一步增强国际化办学特色和竞争力。

(三) 提高全员质量保障意识，强化多元主体参与

为了确保高校中外合作办学项目的教学质量，需要注重全员参与。除了教师和学生外，还应该吸引更多的多元主体参与到教学质量保障中来。中外合作办学项目涉及多个利益主体，包括国外高校、国内高校、学生及其他相关方。这些参与者可以提供各种形式的支持，如提供行业经验、资源支持、监督反馈等[4]。这样的参与不仅可以为高校中外合作办学项目的教学质量保障提供多元化的视角，还可以使得教学质量保障的工作更加精细和全面。因此，要使教学的内部质量得以保障，就必须要有多方的认同、参与和支持。首先，办学主体要建立健全教育体系、日常管理体系、服务保障体系等。其次，教师和学生是保障教学质量的主要力量，他们不仅是教学质量保障的最大受益者，也是教学质量保障的主要力量。在教学过程中，如果没有师生的积极参与，教学质量保障工作很难取得应有的成效，还可能遭遇到强烈的阻力。要充分利用好教师和学生的角色，认真倾听教师和学生对质量保障的意见和建议，让教师和学生作为质量保障的执行者和直接受益者，他们是质量保障的主要推动者。要充分听取教师和学生对教学质量保障的意见和建议，做到有针对性、有效率。最后，要充分调动外部教育机构参与内部教学质量保障的积极性。为维护教育体系在世界范围内的声誉，对学校教育质量的共同要求已成为跨国教育的国际趋势，有些国家的高等教育质量保障机构已经对我国的中外教育合作办学项目进行了质量保证。例如，英国高等教育质量保障署（QAA）于2012年底对复旦大学、东北财经大学、北京邮电大学、上海中医药大学等10所高校的中外教育合作活动进行了评估。相较于中外合作办学内部教学质量保障，这种评估或质量审计属于外部的质量保障活动，因此很难取代内部质量保障。在设计中外合作办学项目的内部教学质量保障过程中，国外教育组织在提供思想指导、设计制度、制定措施、组建队伍等过程中扮演着什么样的角色，这是一个值得讨论的问题。

(四) 加强制度建设，构筑质量保障支持系统

中外合作办学项目的内部教学质量保障，离不开制度的支持。世界上许多国家都面临着如何确保国际教育教学质量这一难题，所以世界上许多国家都制定了一系列的机制来确保国际教育教学质量。在此基础上，结合国内外的具体情况，需进一步完善我国与国际合作办学有关的体制机制。例如，我们可以参考国外的教学委员会制度和教学档案袋制度。鉴于当前我国高校内部教学质量保障体系相关制度建设的薄弱情况，教育行政部门和高校应该与中外合作办学项目的现实发展需要相结合，采取相应的措施，促进并健全有关制度建设，从而保证各项工作能够顺利进行并得到有效落实。

(五) 改革教学管理体制，建设创新型管理团队

目前，我国高校开展中外合作教育的模式主要有两种：一种是通过专业所在的学院

进行合作，另一种是将所有专业集中在一个国际学院进行。无论哪种情况，中外合作办学的专业都应该被设立为教学改革的"特区"，并赋予保证质量的自主权，使中外合作专业充分发挥其特点。高校除了要做好宏观与顶层设计外，还应该对中外合作办学项目进行适当的放权，并给予他们充分的空间进行有针对性、创新性的质量保证工作。这不但有助于保障中外合作办学项目的质量，而且可以为所在高校及其教学管理制度的改革和创新提供经验。此外，教学管理体制需要创新，以满足中外合作办学项目的需求。具体而言，需要建立一支有主见、有创造力的教师队伍，为教师提供培训机会，提高教师素质。这能够为构建高校中外合作办学的内部教学质量保障体系提供有力的人才支撑。同时，需要推行科学化、规范化的教学管理模式，加强教学质量监控和评估。通过建立教学督导制度和教学质量评估机制，实现对中外合作办学内部教学质量的全程监控和及时反馈，促进教学质量的持续改进。

◆◇ 参考文献

［1］ 赵彦志，孟韬.中外合作办学质量保障体系研究［M］.大连：东北财经大学出版社，2015.

［2］ 黄文君.中外合作办学质量保障体系建设的研究［J］.产业与科技论坛，2021，20（8）：279-280.

［3］ 徐一渌，饶从满.双重制度嵌入性压力下的质量保障体系建设：以中美跨境高等教育为例［J］.高教探索，2021（12）：39-46.

［4］ 李梅，赵璐.多元共治下中外合作办学机构的质量保障体系：以西交利物浦大学为例［J］.大学教育科学，2019（2）：114-121.

中外合作办学教学质量
保障体系建设研究报告

◎ 张微微

（辽宁大学新华国际商学院）

摘要： 当前中外合作办学的一个重要战略选择是通过质量建设来实现持续发展，然而许多高校对中外合作办学的质量建设导向、质量建设主体及具体质量建设保障体系等问题的认识缺乏系统性，导致中外合作办学质量建设效果欠佳。因此，构建中外合作办学质量保障体系就显得极为重要且迫切。本文以提升跨境高等教育治理能力为质量建设根本导向，构建并确立"政府+高校"为质量建设的双主体，以课程、教学、师资为质量建设的抓手，提出中外合作办学质量体系建设的对策建议。

关键词： 中外合作办学；质量体系；教学质量

自 2003 年中外合作办学项目实施以来，其作为普通办学模式的一种补充形式在国内高校大力推广，尤其在 2017 年后，高校的职能中的一个重要方面就是"国际交流合作"，中外合作办学逐渐成为我国高校国际化发展的关键性平台。随着中外合作办学规模的不断扩大，诸多问题也在逐渐凸显，其中构建完善健全的中外合作办学教学质量保障体系是解决诸多问题的关键所在。

◆ 一、教学质量保障体系是中外合作办学质量保障的基础

随着教育改革的不断深化，中外合作办学已经进入较高水平发展阶段。在这个新的发展阶段，质量建设已成为鲜明的主题。中外合作办学的质量建设是一项系统工程，质量建设的好坏事关中外合作办学的成功与否。自《国家中长期教育改革和发展规划纲要（2010—2020 年）》实施以来，中外合作办学质量系统工程的建设在国际范围内得到全面推进，在取得一定成效的同时，也面临着诸多挑战。制约中外合作办学质量提高的根

本原因在于缺乏系统、科学及合理的建设导向的指引。因此，推进中外合作办学质量建设系统工程的进一步落实，形成中外合作办学持续健康有序发展局面，必须明晰中外合作办学质量建设导向。

◆ 二、中外合作办学质量体系建设的组成要素

教学工作是一项系统工程，影响教学质量的因素复杂多样。对中外合作办学项目教学质量进行有效保障，必须首先明确影响教学质量的因素。结合高校中外合作办学项目教学工作的实际，本文对中外合作办学项目内部教学质量保障的基本要素逐一进行探讨，为理清教学质量保障的基本思路奠定基础。

由于教育体制不同，根据中国学者研究的结论及2021年教育部印发的《普通高等学校本科教育教学审核评估实施方案（2021—2025年）》确定的标准，中国普通高等院校（二类院校）教育质量保障的指标总结为培养目标定位、培养过程、教学资源与利用、教师队伍、学生发展、质量保障、教学成效七个方面。中外合作办学是"引进"国外优质教育资源的办学模式，鉴于中外共性和差异，在合作办学上所能投入的师资、设备设施及管理制度，以及教育目标等是影响中外合作办学质量最基础的因素。这些因素在定义教育质量标准时都应该涉及，且遵守可靠的、现实的、有效的、清晰可衡量的原则。教学质量体系建设具体包括以下四方面因素[1]。

（一）师资因素

中外合作办学项目需要优质师资资源，优质的师资资源是中外合作办学教学质量得以提升的关键所在。由于需要教师双语教学，对师资的能力需求较高，这就需要引进国内外优质教育资源，而对于中方和外方合作院校的教师又有不同要求[2]。

从中方看，虽然教师队伍的建设得到了一定程度的重视，但是中外合作办学对教师的教学能力及语言能力都有较高要求，因此同时具有学科教学及语言能力的教师资源较为稀缺，如果本教学单位教师资源不足，而从其他学院借调教师，会出现教学质量无法保障的问题，因为借调教师既要完成自己所在学院的任务，又要完成中外合作办学项目中的教学任务，负担重，课余时间也无暇与中外合作办学项目的学生交流，师生间的互动无法保证。此外，高校中外合作办学项目应有教师交换和培训的内容，而且合作双方对一些项目的重视不够，教师能力提升难以保障。

从外方看，教学质量的保障需要优质外籍教师的加入，然而一些项目引进的外籍教师并非来自外方高校的优秀教师，质量难以保障，尤其那些已经退休或者国外高校从社会上招聘来的临时教师。因而，教育部规定的"外国教育机构教师担负的专业核心课程的门数和教学时数应当占中外合作办学项目全部课程和全部教学时数的三分之一以上"的要求就很难实现[3]。

（二）学生因素

由于中外合作办学项目的师资、教学环境的成本较高，受高额学费的影响导致生源较少，对办学效果产生一定影响。一些中外合作办学项目存在扩招学生的现象，可能致使教育教学质量难以保障。另外，降分录取、扩大招生规模都可能会成为影响中外合作办学质量的制约因素。在高等教育大众化背景下，中外合作办学项目的意义主要是解决学生高品质求学，实现培养学生复合型能力的核心目标。

（三）教学条件因素

教学和实验设施的紧缺，不仅会影响教学效果，还会降低外方教师来华教学的积极性。调研发现，很多外方教师不肯长期留在中国进行教学的一个重要原因就是实验设备等无法满足其科研需求，不利于提升其学术水平。此外，在信息化时代背景下，中外合作办学项目的内部教学质量保障面临着新的挑战。

中外合作办学项目依托于高校，可以享用学校现有的资源。但由于教学过程的特殊性及学生缴纳了高昂的学费，办学者应当在已有可享用教学条件基础上有所改造、有所改善、有所加强。例如，实验室、资料室、语音室、课外活动室和实习基地的建设，聘请国外知名学者举办学术讲座，以及与外方共建学习资源和教学资源网络平台等，以满足中外合作办学项目运行和教学质量保障的需要。根据教育部对中外合作办学进行的评估及笔者的调研，发现一些中外合作办学项目片面逐利，为了节约办学经费，对教学设施的投入非常有限，很难满足教师和学生进一步发展的需求和教学质量的提升，这是近年来中外合作办学项目在内部教学质量保障方面普遍存在的问题[4]。

（四）教学管理因素

高校中外合作办学项目的教学管理是管理工作的中心环节，它包括对教学过程的规划、调控与反馈，是保障教学质量的关键一环。中外合作办学项目通过与外方合作，可以借鉴国外先进的教学管理经验，引进先进的教学管理制度，建设国际化的教学管理团队。作为管理对象，中外合作办学的学生和外籍教师有自身特殊性，其教学管理也具有特殊性和复杂性。

一些中外合作办学项目对于教学管理的重视程度不够，教学管理理念落后，教学管理方式囿于传统，鲜有创新。例如，学生评教作为教学评价的方式，对高校中外合作办学项目教学质量的保障有着重要作用。有些中外合作办学项目没有充分认识到这一点，没有开展此项活动；有些项目虽然组织学生评教，却流于形式。在教学管理队伍建设方面，一些中外合作办学项目的教学管理人员工作经验不足，缺乏专业培训；一些项目没有从事教学管理工作的专职人员。此外，在教学规章制度的建设、教学质量监控体系的构建方面，高校中外合作办学项目还存在较大的改进空间[5]。

◆◇ 三、提高中外合作办学质量的路径分析

中外合作办学的质量建设需选取若干核心抓手作为中外合作办学质量建设的具体事务开展对象，将中外合作办学质量建设工作落到实处。中外合作办学是教育活动的重要组成部分，开展中外合作办学质量建设需回答"谁来教""教什么""怎么教"等基本问题，因此，师资、生源、课程、教学毫无疑问是中外合作办学质量建设中的抓手[6]。

（一）科学合理的师资队伍是质量建设的重点

师资队伍建设解决的是中外合作办学教育活动中"谁来教"的问题。中外合作办学师资队伍的建设目的在于形成结构科学合理的教学团队，这个团队是中外合作办学课程实施的主体，是关乎中外合作办学质量建设的核心因素——课程能否落地。因此，中外合作办学的办学主体在师资队伍建设上应做到以下四点。第一，提高对师资队伍建设重要性的认识，将师资视为中外合作办学质量建设的重点工作。第二，中外合作办学的师资队伍能够实现中外合作办学的人才培养目标，不同层次、专业的项目有不同的人才培养目标，因此师资队伍的建设应该是因地制宜的，应该关注师资建设的适应性。第三，办学主体应形成适应自我项目的师资建设规划，对外方派遣的师资进行深入考察，形成科学合理的教师考核体系，注重师资的专业发展问题，建立双方教师有效沟通机制，强调项目教育教学过程中双方师资的协同合作，为外籍教师做好在华相关保障服务工作。第四，重视中方教师的国际化教学能力培养，这是破解当前外籍教师稀缺和"飞行教学"的一条可取路径[7]。

（二）严把生源是质量建设工作的前提

优质的生源是质量建设工作取得良好效果的前提。学生选择中外合作办学，就意味着要面临多元文化的挑战，只有具备扎实的知识基础、积极的学习态度及较强的学习能力，才能确保学有所得，这也是建立中外合作办学的初衷。因此，各高校在中外合作办学的招生过程中，一方面，要加大宣传力度，宣传要有针对性，选取各地区重点高中进行重点宣传，让优质生源能够注意到中外合作办学的优势，营造良好的舆论氛围，加大利用优秀毕业生的宣传效果，使得优质生源有意愿加入中外合作办学培养体系中；另一方面，在招生规模上要有规划，不能为了招生而盲目扩大规模，要控制好生源质量。

（三）教学是质量建设的关键

在课程、师资和教学三大抓手中，教学主要解决的是"怎么教"的问题，即中外合作办学教师如何教授课程的问题。教学工作始终是中外合作办学的中心工作，教学质量更是中外合作办学机构和项目生存和发展的关键。破解当前中外合作办学教学存在的种

种问题，需要中外合作办学的办学主体做到以下四个方面。一是严把生源关，同时创新外语教育教学模式和方法；二是以适应国际化教学为目标，构建科学合理的师资队伍；三是考虑教学组织形式和教学方法的适应性问题，做到组织形式和方法的选择不是"外方至上"，而是以教育教学效果为唯一标准；四是改变当前对教师教学质量评价的"真空状态"，将学生的学与教师的教相结合，发挥办学主体对教学质量评价与监控的作用。

（四）课程建设是质量建设的核心

课程是人才培养目标实现的根本途径和载体，中外合作办学引进优质教育资源、实现培养国际化人才目标的根本是课程，课程建设是中外合作办学质量建设的核心。所谓课程建设，包括课程目标、课程内容、课程结构、课程实施、课程评价等一系列内容。

因此，课程建设需做到以下五点。一是强化中外合作办学主体对课程建设重要性的认识，让其认识到人才培养的中心工作是教学，而课程则是教学工作的载体和依托，是中外合作办学质量建设的核心，从而切实将课程建设作为中外合作办学质量建设的根本任务来抓。二是保证引进外方课程的数量。学科专业的差异对引进外方课程的需要存在多寡之分，但作为引进国外优质教育的中外合作办学，在引进外方课程的数量上必须有一定的保证，有助于从根本上保证人才培养的质量。三是提高中方高校对引进外方课程的消化、吸收、融合和创新能力，解决当前引进外方"优质"课程中存在的"水土不服"问题，并重视中外双方合作开发课程。四是在课程实施上合理安排，改变外籍教师集中授课情况，注重中方教师国际化授课能力的培养和提升，强调中外教师在课程教授中的合作。五是在课程建设中注重批判性思维的培养，摒弃"国外至上"的观念，根据人才培养的根本目标，对课程目标的设计、课程内容的选择、课程实施的安排等一系列问题进行重新考量。

综上分析可知，中外合作办学质量体系的建设可谓任重而道远，需要坚持全方位立体化的措施，这就需要政府和学校共同努力，促进高品质教学质量推动下的中外合作办学的可持续发展。

◆◇ 参考文献

［1］ 林金辉，刘梦今.高校中外合作办学项目内部教学质量保障基本要素及路径［J］.中国大学教学，2014（5）：62-66.

［2］ 薛卫洋.对中外合作办学质量建设的思考［J］.高校教育管理，2017，11（6）：89-94.

［3］ 唐振福.我国高等教育中外合作办学质量保障体系建设研究［J］.江苏高教，2013（2）：28-30.

［4］ 吴晨燕.高校中外合作办学背景下专业课双语教学模式探讨：以江南大学莱姆顿学院酒店与旅游管理专业为例［J］.高教论坛，2010（9）：94-98.

［5］ 俞立中. 中外合作办学的模式探索与制度创新：上海纽约大学十年办学历程［J］. 世界教育信息，2022，35（10）：9-16.

［6］ 黄柯源，张浩军. 基于CiteSpace的国内跨境教育研究热点及趋势探析：以高校中外合作办学、来华留学教育为例［J］. 西南交通大学学报（社会科学版），2022，23（5）：108-119.

［7］ 周洵瑛. 高等教育评价改革背景下中外合作办学评估指标体系的改进策略［J］. 上海教育评估研究，2022，11（4）：51-56.

中外合作办学思想政治教育路径探索

（辽宁大学新华国际商学院）

摘要：中外合作办学是随着改革开放发展起来的新型教育模式。近年来，随着该办学模式在我国不断发展，越来越多的学生借助合作办学平台进入国外大学深造。在合作办学模式下，大学生思想政治教育工作是不可忽视的环节。本文系统分析了当前中外合作办学学生思想政治教育工作存在的问题，并提出加强思想政治教育的措施。

关键词：中外合作办学；思想政治教育

教育对外开放是改革开放事业的重要组成部分，在融入我国对外开放大局中，形成了更全方位、更宽领域、更多层次、更加主动的新局面。习近平总书记高度重视教育对外开放工作，在2018年9月召开的全国教育大会上提出："要扩大教育开放，同世界一流资源开展高水平合作办学。"党的十九大报告也提出："中国开放的大门不会关闭，只会越开越大。"

在我国高等教育对外开放的新局势下，中外合作办学是寻求教育模式突破、实现教育资源共享的一种主要表现形式，演绎着更加重要的角色，承载着愈加重要的使命。第十二届全国中外合作办学年会的统计数据显示，截至2021年10月底，经教育部批准或备案的中外合作办学机构和项目共有2447个，其中本科以上机构和项目1295个；高等教育中外合作办学机构、项目占办学机构、项目总数的90%左右。

在新时代，中外合作办学进入提质增效的新阶段，保持着向上向好的态势。中外合作办学在实现高等教育国际化的同时，需要回答好"培养什么样的人、如何培养人以及为谁培养人"这个根本问题。习近平总书记强调我国教育肩负着培养德智体美劳全面发展的社会主义建设者和接班人的重大任务，中外合作办学致力于培养中国特色社会主义建设事业的各类人才。

教育部在关于深入学习贯彻习近平总书记重要文章《思政课是落实立德树人根本任

务的关键课程》的通知中明确要求，要进一步加强中外合作办学思政课建设，切实把学习收获转化为思政课改革创新的具体举措和实际成效。在高等教育的思想政治教育格局中，中外合作办学以新形式和特殊性成为其中的重要构成部分。值得注意的是，在开展中外合作办学思想政治教育的实践过程中，其特殊办学模式所衍生的教育教学方式与传统思想政治教育教学方法产生了一定的碰撞，有待形成系统性和针对性的实施体系。这就需要整体梳理其中产生的问题，做好应对新挑战的准备。

面对新时代的机遇与挑战，中外合作办学高校思想政治教育亟须融合创新、办出特色和水平，探索出中外合作办学思想政治教育的有效运行路径。调研结果显示，目前中外合作办学院校中大部分学生了解思想政治教育理论知识的渠道为通识思想政治教育课，对国内外时事热点能够保持关心和理性的态度，对接受思想政治教育的方式有不同维度的期待 [1]。因此，为了发挥中外合作办学机构思想政治教育的特色和优势，本项目从多个维度探索建设立体的思想政治教育体系，为中外合作办学思想政治教育提供新思路。

◆◇ 一、旗帜鲜明地坚持党的领导和社会主义办学方向

习近平总书记强调，"我们的高校是党领导下的高校，是中国特色社会主义高校。办好我们的高校，必须坚持以马克思主义为指导，全面贯彻党的教育方针"。中外合作办学必须旗帜鲜明地坚持党的领导，坚定扎根中国大地办教育，走中国特色社会主义教育发展道路。

◆◇ 二、中外合作办学思想政治教育主体建设

中外合作办学思想政治教育主体既包括传授知识的思想政治理论课教师，也包括党政领导、辅导员等日常思想政治教育的实施者，但是专业课教师和行政管理人员对学生思想动态了解较少 [2]。针对中外合作办学师资队伍国际化的特殊性，应在意识形态领域表明立场、把握主动权，引导全体教育者做社会主义核心价值观的坚定信仰者和模范践行者，紧抓统战工作和群团工作，深入推进课程思政建设，为立德树人筑牢政治安全屏障。

◆◇ 三、中外合作办学思想政治教育客体引导

目前中外合作办学学生接受的思想政治教育途径主要来自通识教育框架下知识性的传授，虽实现了课程教学的社会目标，但忽略了个体成长的需求。对学生群体的调研结果表明，超过60%的学生希望思想政治教育采用互动教学方式，开展课外学习和实践

活动。面对思想文化多元的中外合作办学学生，应准确把握学生的思想特点、情感方式和行为特征，充分发挥学生的主体能动性。

◆◇ 四、中外合作办学思想政治教育环境营造

通过调研发现，学生最希望通过思想政治教育了解的方面集中在"党的方针政策和领导重要讲话精神"和"国内外形势分析"两个方面，这说明中外合作办学学生具有一定的国家意识和政治素养，但存在受多元文化信息交织影响的风险。大学生正处于人生的"拔节孕穗期"，在经济全球化和世界文化多元化背景下，中外合作办学思想政治教育应引导学生提高辨别是非的能力，自觉防范和抵制各种错误思潮的侵蚀，激发并加强学生的思想觉悟和政治信仰。

◆◇ 五、中外合作办学思想政治教育介体更新

通过调研发现，有接近一半的学生期待所在院校举办丰富多彩的思想政治教育主题活动。在合理安排专业课程之余，中外合作办学应注重开发第二、三课堂，为学生提供全球治理、跨文化交际能力、国际组织实践等方面的训练，把提高学生思想觉悟与保障学生切身利益结合起来，提升思想政治教育的亲和力、吸引力和感染力。

◆◇ 参考文献

[1] 谭晓华.中外合作办学模式下高校学生思想政治教育工作研究[J].教育教学论坛，2020（34）：27-28.

[2] 张羚羚.新时代中外合作办学思政教育探究[J].高教学刊，2019（6）：152-154.

以大学生就业为视角的
学科设置与教育改革

◎ 郎美怡　张祎柠

（辽宁大学新华国际商学院）

摘要： 随着"后扩招"现象及文化的产生，高等教育的工作重点开始转到提高教育质量上。目前就业直接反映出的一个问题是人才培养的成果与经济社会发展的需求并没有得到很好结合。所以，优化高校教育必须把加深专业学习和丰富学科结构有机结合，使得专业性与综合性和谐统一，以提高大学生素质，促进大学生就业。

关键词： 大学生就业；综合化教育；产学研合作

随着国际形势的变化发展，大学生的就业问题日益凸显，大学生的就业观与相关企业的人才需求方向有所冲突，在一定程度上，造成大学毕业生过剩，而企业人才匮乏的困境。在过去的20年中，高校扩招，大学合并，使更多的学生有机会进入大学接受高等教育。专业知识经过系统学习得以充实，综合能力经过大学历练得以全面提升，大学成为社会与学术衔接的桥梁，成为学生带着更丰富的知识以更优良的姿态走入社会的平台。大学的学习生活，学生接受了专业化的知识教育，感受了先进的大学文化。然而，当毕业生怀着实现理想、服务社会的愿望走出校园时，一些毕业生却发现自身所学与企业需求有着一定的差距，一些企业也对大学毕业生的知识和素质产生怀疑。当前高校的教育教学仍然以学科型教学模式为主，课程设置和教学方法与社会实际需求脱轨，教学管理观念滞后，重理论、轻实践，培养的多是研究型人才，而扩招之后的研究生数量供过于求，对于部分本科毕业生而言，就业优势不足。本科的教学内容广而不专，教学质量和教学水平难以适应新时期人才培养的需要[1]，毕业生多缺乏一技之长，一些学生对自身的兴趣和定位不明确，教师也无法对学生因材施教，从而导致学生基础能力薄弱、实践能力较差，就业难在所难免。

教育部数据显示，2021年全国高校毕业生达909万人，比2020年增加35万人，

2022年达到1076万人，比2021年增加167万人。国家统计局数据表明：2022年1—7月，全国城镇新增就业783万人，7月，全国城镇调查失业率为5.4%，比6月下降0.1%；16—24岁、25—59岁人口调查失业率分别为19.9%，4.3%；31个大城市城镇调查失业率为5.6%；全国企业就业人员周平均工作时间为48.0小时。从这些数据中不难看出，16—24岁这个年龄段就业人口的失业率较高，在这个年龄段的就业者中，5个人中有1个是待业的。严峻的就业形势使得国家、政府、高校、学生本身都对高等教育及高等教育改革进行新的思考，并提出新的建议。

◇◆ 一、保持专业优势，展现个性与特色

在19世纪社会经济大发展中，随着社会分工的明确化，社会职业的划分更加细致化。社会生产和经济发展中需要大量有着专业知识和技术的高等教育人才，职业要求使得人才对专业知识的渴望更加强烈，严格细致的专业划分成为高等教育的趋势。20世纪前期，专业教育走进大学课堂，并一直沿用。国外很多高校把本校特色写进了学校的名字，如伦敦政治经济学院；我国高校的例子也很多，其中理科师范院校尤为明显，如哈尔滨工业大学、大连理工大学、北京师范大学、陕西师范大学等。专业教育为社会建设的各个领域培养了大量的人才，及时高效地解决了时代对于专业化人才需求的问题。《中国教育年鉴》数据显示，我国的高等教育中专业分科，从1953年的215种增加到1980年的1039种，无论是文、理、工、农、林、医，还是师范、财经、政法、艺术，都成倍增加。由于高考的要求，大多数高中从二年级开始对学生进行文理分科，以保证学生有更多的时间学习未来将进入的领域，学生进入大学后则开始更加明确地深入学习本专业的课程。企业在选择人才时对专业知识的考察成为主体。

一位已在华为公司就业的电子信息工程专业毕业生在谈起自己的应聘经历时这样说道："我经历了六轮的筛选，第一轮是专业课笔试，第二轮是专业课面试，这两轮可以轻易区分出大学学习的扎实程度，而此后的几轮无论是小组面试，还是心理测试，都没有离开专业知识的考察，过硬的专业知识是就业成功的敲门砖。"而当谈起现在工作的感受时，他强调了专业知识的重要性："我现在从事硬件开发工作，我有一位毕业于香港理工大学的同事，当处理很多实际操作问题时，他明显比我的专业知识扎实，很多知识我只是听老师提起过或在书中草草地看过，并没有真正地去理解，现在需要用的时候就和那位同事有明显的差距，对此只有在下班后继续自己恶补专业知识。"专业知识是企业选择人才的标准，也是大学为毕业生成功就业提供的最有力的保障。

◇◆ 二、提高综合能力，担起高等教育新使命

随着现代科学技术日益综合化，高校与社会的联系日益紧密化，高校的课程设置也

与时俱进变得综合化。1999年新的课程改革中，明确提出将课程综合化，全面提高学生综合素质。自1998年，浙江大学首开高校合并之风，各地高校纷纷效仿，武汉大学、吉林大学、山东大学、四川大学、扬州大学、西安交通大学等众多高校都采用合并的方式，做大做强。其中比较典型的方式有强强联合、以强并弱、优势互补三种方式。强强联合，即著名院校合并，将双方的优势专业相结合，使本就特色的专业更加出类拔萃，其中北京医科大学并入北京大学组成新的北京大学医学部，成为国内顶级医学院的典型之一。以强并弱，即以实力较强的高校合并实力较弱的高校，扩大高校专业种类，增加学生人数，提高知名度，为较弱高校带来新的生源、设备、师资，如浙江大学合并杭州大学、浙江医科大学、浙江农业大学，浙江大学一跃成为我国学科门类最齐全的高校之一，合并院校则提高了生源的质量，有了更大的发展空间。优势互补，多为弱势高校互补专业，以摆脱淘汰困境，扩大专业设置范围，提高综合实力，很多高校在合并后专升本，二本升一本，如大连工学院、大连师范专科学校、大连市卫生学校三校合并共建大连大学，成为发展较快的二本高校之一。

高校合并带来的不仅仅是品牌效应、规模效应，也为高校的教育带来了新的思潮。高校学科综合化，原因主要集中在以下三个方面。

（1）社会需求。随着科学技术的快速发展，社会对于只具备单一专业知识技能的人才需求大量减少，新技术、新科技、新领域的产生，使得社会对于人才具有跨学科、高综合素质的能力要求提高。企业对于毕业生的考察，从以前单一的只需要看文凭到如今层层考试（如笔试、面试、英语能力测试、综合素质测试等），高校的课程设置不全，将会成为导致学生知识面狭窄的直接原因。

（2）学生需求。企业对于毕业生的要求，直接影响学生对于知识的渴求，进而影响高校对于课程的合理设置。扩大学生知识面，提高综合素质，成为必需。同时，当一些毕业生找不到对口专业的工作时，不得不选择转行，高校综合化教育中的选修课便有可能成为毕业生新的就业点。

（3）单一课程自身的缺陷。在高等教育中，学生多接受单一专业的知识，部分学生只关心与本专业有关的知识，不能与其他学科知识快速结合，思维体系不能形成网状，导致学生知识面狭窄、综合能力缺乏，无法适应社会要求。所以培养和提高学生的综合能力，已成为高等教育的新使命。

◆〉 三、加深专业知识，理性设置课程

无论是加深专业知识，还是提高综合能力，二者的辩证统一才是对高等教育最直接的反映，即为课程改革的迫切要求。高校通过科学理性的课程设置，促进毕业生就业、中国高等教育又快又好发展[2]。具体措施可通过以下三个方面进行施行。

（1）实现教材改革。教材的陈旧成为充实学生知识的一大阻碍，要实现课程改革，

教材是基础。一些高校选用的教材过于陈旧，对于很多已经取得研究成果的知识没有办法传递给学生，内容不深入。综合方面，没有相关的教材体系，学校只能开什么课，就选什么教材，这种简单的拼凑方式很难使综合知识形成体系。肤浅、无序、滞后的教材状况在各专业都有不同程度的反映，这要求新教材的编写，既能深化基础知识、保留老教材中的经典，又能充分加入新的理念技术，同时形成相关图书的链接体系。

（2）优化课程设置。在确保专业课数量和质量的同时，适当增加非专业选修课程。精细的专业教育一度成为批评的重点，但任何综合能力的提高都是以良好的专业知识为依托，任何综合素质的培养和课外活动的增加，都不能以减少专业课程为代价。在保证专业课知识高质量地传授给学生的同时，多样的非专业选修课在提高学生综合素质方面可发挥重要作用。应充分发挥综合大学优势，增加理工科学生人文知识的课程，为对数学、物理感兴趣的文科同学提供建模实验课，做到理工渗透、文理结合。

（3）加大职业教育。毕业生普遍反映高校的职业教育相对滞后，一些学生在进入社会之前缺乏对就业情况的了解，高校的职业规划教育集中在学生毕业前夕，内容较为单一，而这时的毕业生已经面临就业问题，没有职业规划，不了解企业需求，更加惧怕失业，没有做好准备便离开了高校。这要求高校将职业教育低年级化，在学生大学学习阶段，甚至刚入校时，就开设专门课程进行职业教育，将职业教育变成素质教育的一部分。

◆ 四、创立新形势下的生产企业、高校、科研机构的合作教育

在新形势下，高校毕业生就业难，而企业寻求具有实践操作能力和创新能力的适用人才也很难，同时企业在科学研究层面上与高校及科研机构的合作还存在一些问题。因此，政府需要充分发挥宏观调控的职能，大力倡导并积极鼓励实行生产企业、高校、科研机构的合作教育。学生所学知识与工作应用有很大差距，所学知识不能很好地应用到工作中是课程改革不容忽视的问题。高校有教育资源、研究成果，企业有管理理念、实践机会，将二者有机结合，利用企业为学生提供更多的实习机会，利用高校将先进的知识转化为生产力。很多企业都会有一次对新员工的培训，将这种企业培训提前至高校学习中，不仅让企业省去了培训费用，还实现了高校与社会的直接连接，节约了社会资源，也使学生在深入工作中应用了所学的专业知识，提高学生的综合素质。

（1）政府应从全局、整体、长远的角度，站在高校、生产企业、科研机构的各自利益之上的战略角度，制定相应的政策、法规，充分发挥政府在宏观调控方面的重要作用，以引导和激励三方的合作，为解决知识经济时代最重要的资源——人才的培养方面做出切实努力。

（2）政府应设立生产企业、高校、科研机构合作教育的组织管理协调机构，为合作创造良好的环境与条件。通过设立适当的组织管理协调机构，以组织和推动产学研合作

教育项目的落实。

（3）全力打造生产企业、高校、科研机构合作教育的模式。政府可用科技政策的引导促使高校科研面向产业领域进行技术创新，如各种基金倾向于资助有应用前景的科研项目，鼓励高校与产业界联合申请基金项目，对有企业介入投资开发产品的项目实行重点资助等；积极鼓励企业在高校设立合作教育专项基金，用于学生科学研究、发明创造、开展科研活动；积极鼓励企业与高校合作创办研究中心。这种"产—学"合作的科研模式，一方面，使大学师生直面生产领域中的各类科学技术问题，从而使科研更有针对性；另一方面，高校可借此机会获得充足的科研经费，加快科研进程。积极鼓励高校创办高技术公司，这种"学—研—产"模式的公司主要以从事技术开发工作为中心，即进行非一般性的高科技产品的贸易和经营，促进实用性较大的科研成果较快转化为商品。

综上所述，对于学生来说，专业知识是基础，综合能力是框架；同理，对于高校来说，专业性是特色，综合性是使命，二者相辅相成，缺一不可。虽然在深化专业教育同时增加各种综合教育有相当难度，但培养全面的人才已成为高等教育、企业、社会、时代的必然要求。为此，高校教育应切实做到：为学生提供就业所需，为企业提供人才所需，为国家社会提供发展所需。

◆◇ 参考文献

[1] 刘源.以就业质量提升为导向的教育教学改革探究 [J].文化创新比较研究，2018，2（35）：127-128.
[2] 王大将.以就业为导向的高校创业教育探究 [J].高等工程教育研究，2016（4）：52-56.

中外合作办学与课程思政
协同育人的价值意蕴和实践路径

◎ 郑 洋

（辽宁大学新华国际商学院）

摘要：本文旨在探讨中外合作办学与课程思政协同育人的发展路径。首先，分析了中外合作办学中课程思政的重要性，指出课程思政是提高学生综合素质、培养人才的必要手段。其次，以辽宁大学新华国际商学院课程思政建设为例，探讨了中外合作办学中课程思政的实践与探索。研究结果表明，中外合作办学中课程思政的实践与探索需要注重培养学生的思想政治素养，同时需要关注课程内容质量的提高和教学方法的改进。再次，探讨了中外合作办学与课程思政协同育人的未来发展，认为未来高校需要进一步加强中外合作办学的质量和水平，同时需要更加注重课程思政的实施和效果评估。最后，分析了中外合作办学中课程思政的政策和制度保障。本文旨在为中外合作办学与课程思政协同育人的发展提供一些思路和建议，以促进中国高等教育的国际化，并对教学改革做出有益探索。

关键词：课程思政；中外合作办学；协同育人；有益探索

◆〉 一、引言

党的二十大报告提出："办好人民满意的教育……。全面贯彻党的教育方针，落实立德树人根本任务，培养德智体美劳全面发展的社会主义建设者和接班人。坚持以人民为中心发展教育，加快建设高质量教育体系，发展素质教育，促进教育公平。"因此，高校加强思想政治教育，做好意识形态工作和文化建设，推动网络空间清朗化势在必行。在这一背景下，中外合作办学与课程思政的现状也受到了更多的关注。中外合作办学是指中国高校与国外高校合作开展的教育项目，旨在提高中国高校的教育水平和国际化程度。目前，中外合作办学已经成为中国高等教育的重要组成部分，涉及各个学科领域。课程思政是指在各个学科课程中通过引导学生思考、讨论、分析等方式，培养学生的思想道德素质和社会责任感，促进学生全面发展。课程思政可以引导学生树立正确的世界观、人生观、价值观，提高学生的公民意识，为社会和国家的发展做出贡献。因此，课程思政已经成为现代教育的重要组成部分，对于培养新时代的高素质人才和推动国家意识形态建设具有重要意义。在中外合作办学中，课程思政也需要注意与社会主义核心价值观保持一致。然而，中外合作办学与课程思政协同育人也存在一些问题。例如，一些合作项目可能存在教育资源的不平衡，导致一些学科课程只能在国外高校中开设，而无法在中国高校中开设。同时，由于各个国家的政治制度、文化背景等存在差异，课程思政也可能存在理解上的难点。因此，中外合作办学与课程思政需要在保障国家政治立场和价值观的前提下，加强交流合作、提高教育水平、促进学生全面发展。同时，也需要加强政策引导和监管，确保中外合作办学课程思政的质量和效果。

中外合作办学这种合作模式不仅可以为中国学生提供更广阔的学习机会，也可以促进中国高校教育教学质量的提高。近年来，随着中国高校国际化程度的不断提高，中外合作办学也得到了越来越多的关注。例如，朱彦彦等[1]在研究中发现，中外合作办学可以帮助中国高校提高教学质量，提升教师和学生的国际化素养，促进学术交流和合作。而刘扬等[2]则从学生角度出发，探讨了中外合作办学对学生的影响，发现参与中外合作办学的学生更具有跨文化交际能力和国际视野。在课程思政协同育人方面，国内外学者也进行了大量的研究。课程思政协同育人是当前中国高等教育教学改革的重要方向之一，旨在将思想政治教育融入课程教学中，提高学生的思想政治素质。例如，刘志杰[3]在研究中发现，课程思政协同育人可以帮助学生更好地理解和应用学科知识，同时可以提高学生的思想政治素质。而朱彦彦等[4]则从教师角度出发，探讨了课程思政协同育人的实施策略，提出了一些可行的教学方法和评价机制。综上所述，中外合作办学与课程思政协同育人是当前中国高等教育教学改革的重要方向之一。通过对相关文献的综述，可以发现这两种教育模式都具有很大的发展潜力，也面临一些挑战和问题，需要进一步地研究和探讨。未来，可以通过深入研究这些问题，为中国高等教育的国际化和教学改革提供更多的思路和建议。

◆◇ 二、中外合作办学中课程思政的重要性

中外合作办学是中国高等教育的重要组成部分，课程思政则是现代教育的重要内容，在中外合作办学中，课程思政的重要性和必要性不言而喻。林金辉等[5]提出，中外合作办学中的课程思政可以引导学生树立正确的世界观、人生观、价值观，培养学生的思想道德素质和社会责任感，提高学生的综合素质和能力，促进学生全面发展。此外，中外合作办学中的课程思政可以让学生接触到更多国际化的教育资源和文化背景，拓宽学生的国际化视野，提高学生的综合素质，增强学生的国际竞争力。中外合作办学

中的课程思政是国家意识形态建设的重要组成部分，可以引导学生树立正确的国家观念和国际观念，增强学生的爱国意识和民族自豪感，为国家发展做出贡献[6]。

在中外合作办学中，教师来自不同文化背景的国家。中外合作办学中的课程思政对于加强国家意识形态建设和维护国家政治立场具有重要意义。首先，课程思政可以通过教育引导学生了解不同国家的文化、历史和政治制度，使学生形成正确的世界观、人生观和价值观。这有助于学生在未来的发展中具有更加开放、包容和理性的思维方式，增强自身国际竞争力。其次，课程思政可以通过教育引导学生了解中国的历史、文化和政治制度，增强学生对国家的认同感和归属感。最后，课程思政可以通过教育引导学生了解国家的政治立场，加深学生对国家政治的理解和认同，维护国家政治立场，增强国家的凝聚力和稳定性。

中外合作办学与课程思政协同育人是一种有机的教育模式，可以促进学生全面发展，并且有利于国家意识形态建设。其发展路径有如下三条。一是加强课程思政与专业教育的衔接。课程思政应该与专业教育相结合，形成一种协同育人的模式，让学生在进行专业学习的同时接受思想政治教育的熏陶，从而全面发展。具体来说，可以将思政教育融入专业教育中，设置专门的思政课程或者将思政教育内容融入专业课程中。二是注重课程思政与实践教育的结合。课程思政应该与实践教育相结合，让学生在实践中感受思政教育的价值和意义，从而更好地理解和接受思政教育。例如，在实践教育中设置思政教育的内容和环节，让学生在实践中接受思政教育的熏陶。三是加强课程思政与学校文化建设的衔接。课程思政应该与学校文化建设相衔接，形成一种有机的教育体系。课程思政应该与社会实践相结合，让学生在社会实践中感受思政教育的价值和意义，从而更好地理解和接受思政教育。例如，在社会实践中设置思政教育的内容和环节，让学生在社会实践中接受思政教育的熏陶。这些措施有助于促进中外合作办学与课程思政协同育人的发展，提高学生综合素质，为国家的发展和繁荣做出贡献。

◆ 三、中外合作办学中课程思政的实践与探索

辽宁大学新华国际商学院位于辽宁省沈阳市，是辽宁大学与英国德蒙福特大学（De Montfort University）、香港新华集团合作建立的，以培养英语水平高、熟悉国际规则、适宜到大型外资企业和跨国公司从事管理工作的高级国际型、复合型人才为目标的新型学院。英国德蒙福特大学选派优秀教师用英语讲授核心专业课，其他专业课和语言课也用英语讲授，辽宁大学新华国际商学院与香港新华集团在北京、广州、沈阳、锦州、香港等城市设立了实习基地，是新时代中国高校中外合作办学的典范之一。辽宁大学新华国际商学院在中外合作办学中注重课程思政的实践和探索，取得了一定的成功经验。课程设置方面，辽宁大学新华国际商学院开设了"毛泽东思想和中国特色社会主义理论体系概论""习近平新时代中国特色社会主义思想概论""管理学实验""创新与企

业家精神"等课程，通过思政教育，引导学生了解中国的历史、文化和政治制度，增强大学生的民族自豪感。同时，辽宁大学新华国际商学院开设了"英文商业经典文献选读""国际政治与国际关系""国际商务与贸易"等课程，拓宽大学生国际交流与合作的视野。教学方法方面，辽宁大学新华国际商学院注重采用多元化的教学方法，如讲座、讨论、案例分析等，使学生在课程学习中能够积极参与，提高学生的综合素质。师资力量方面，辽宁大学新华国际商学院拥有一支高水平的师资力量，聘请了国内知名高校的专家和教授。学生管理方面，辽宁大学新华国际商学院注重学生管理，为学生提供全方位的服务和支持，如学术指导、职业规划、文化交流等，使学生在学习和生活中得到充分的关注和帮助。辽宁大学新华国际商学院重视对大一新生进行职业规划，聘请国内知名专家来学院做报告，引导学生科学规划自己的职业生涯；辽宁大学新华国际商学院每年都高度重视与英国德蒙福特大学的文化交流，引导有志向的学生到英国德蒙福特大学深造。以上经验表明，中外合作办学中的课程思政需要注重课程设置要符合学生的需求和学校的定位，注重国家意识形态建设和国际交流与合作；聘请具有丰富教学和研究经验的教师为学生提供优质的教育服务；为学生提供全面的服务和支持，使学生在学习和生活中得到充分的关注和帮助。

中外合作办学中的课程思政在取得一定成果的同时，也面临着一些挑战和问题。要在教育引导学生了解不同国家的文化、历史和政治制度的同时，注重跨文化交流和教育，建设高水平的教师队伍，进行质量监控，确保教育质量和教育效果[7]。中外合作办学中的课程思政需要进行跨文化交流和教育，语言障碍是一个重要的问题。不同国家和文化背景的学生有着不同的思维方式和价值观，如何在教育中进行有效的跨文化交流和教育是一个极大的挑战。

总之，辽宁大学新华国际商学院在中外合作办学课程思政教学实践中取得了一定的成果，其经验可供其他中外合作办学机构借鉴。

◆ 四、中外合作办学与课程思政协同育人的发展趋势

中外合作办学中的课程思政将面临新的发展机遇和挑战，需要更加注重国际化教育、跨文化交流、科技创新、质量监控和社会责任等方面的发展。同时，要加强师资力量建设、学生管理和服务等方面的建设，为中外合作办学中的课程思政发展提供有力支撑。加强国际化教育，通过教育引导学生了解不同国家的文化、历史和政治制度，促进国际交流与合作；强化跨文化交流，中外合作办学中的课程思政将更加注重跨文化交流，通过教育引导学生了解不同国家和文化背景学生的思维方式和价值观，促进跨文化交流和教育；同时，注重科技创新，通过教育引导学生了解科技创新的重要性和发展趋势，培养学生的创新意识和创新能力[8]。此外，中外合作办学中的课程思政将更加注重社会责任，通过教育引导学生了解社会责任的重要性和社会发展趋势，培养学生的社会

责任意识和社会责任能力。

随着全球化和国际化的不断深入，中外合作办学已成为高等教育领域中的重要形式之一。一方面，国际化和全球化使得中外合作办学的课程更加多元化和开放化，吸引了更多的国际学生和教师。这为课程思政的国际化提供了契机，可以通过吸引更多的国际学生和教师来推进课程思政的国际化进程。同时，国际化和全球化也为课程思政提供了更广阔的视野和更多的资源，可以借鉴和吸收国际先进的教育理念和经验，不断完善和提升课程思政的教学质量。另一方面，中外合作办学中的课程思政面临着一些挑战。首先，不同国家和地区的文化差异和教育背景差异可能会导致课程思政在跨文化交流和教学中出现一些困难和挑战。其次，国际化和全球化也可能会导致课程思政的内容和理念受到一些国家和地区的限制和干扰，需要在保持本土特色的同时，注重与国际接轨和交流[9]。

综上所述，中外合作办学中的课程思政在国际化和全球化的背景下，既面临机遇也面临挑战。要充分利用国际化和全球化的机遇，推进课程思政的国际化进程，同时要认真应对挑战，保持本土特色，注重跨文化交流和教学，不断提升课程思政的教学质量和影响力。培养出具有良好人文、科学素质和强烈社会责任感，以及学科基础扎实，具有自我学习能力、创新精神和创新能力的人才。

◆◇ 五、中外合作办学中课程思政的政策和制度保障

中外合作办学中的课程思政需要政策和制度保障，以确保其顺利开展和有效实施。具体来说，政策和制度保障应该包括以下四个方面。第一，制定相关政策文件和法规。政府应该制定相关政策文件和法规，明确中外合作办学中课程思政的目标、内容、要求和标准，为课程思政的开展提供法律保障和政策支持。第二，建立课程思政的管理体制和机制。中外合作办学中应该建立课程思政的管理体制和机制，明确课程思政的管理职责和权限，确保课程思政的有效实施。管理体制和机制应该包括课程思政的领导机构、管理机构和教师队伍等[10]。第三，加强课程思政的教师培训和评价。为了保障课程思政的有效实施，应该加强课程思政的教师培训和评价，提高教师的思政教育理论和实践水平，确保教师能够胜任课程思政的教学任务。第四，建立课程思政的监督和评估机制。中外合作办学中应该建立课程思政的监督和评估机制，对课程思政的教学质量、教学效果和学生满意度等进行监督和评估，及时发现问题并采取改进措施，保证课程思政的有效实施和教学质量。这些政策和制度保障有助于促进中外合作办学中课程思政的发展和实施，引导大学生深入学习贯彻习近平新时代中国特色社会主义思想，全面提高当代大学生的综合素质，达到"又红又专"，为实现第二个百年奋斗目标贡献力量。

◆◇ 六、结论与建议

中外合作办学中的课程思政发展路径可以从三个方面进行探讨和建议。第一，加强课程思政的国际化和本土化。在中外合作办学中，应该注重将国际先进的教育理念和经验与本土特色相结合，推动课程思政的国际化和本土化双重发展，使其更符合国家和地区的实际情况和教学需求。第二，注重课程思政与专业教育的协同育人。课程思政不是一门独立的学科，应该与专业教育相结合，形成一种协同育人的模式，使学生能够在专业学习的同时，接受思想政治教育的熏陶和影响，从而全面发展。第三，加强课程思政与国家意识形态建设的衔接。在中外合作办学中，应该注重将课程思政与国家意识形态建设相衔接，强化学生的国家意识和责任感，培养具有国际视野和家国情怀的高素质人才，为国家的发展和繁荣做出贡献。这些建议和对策有助于促进中外合作办学中课程思政的发展，促进学生全面发展，推动国家意识形态建设。

中外合作办学中的课程思政应该与专业教育相结合，具体措施如下：第一，建立课程思政与专业教育的衔接机制。第二，注重课程思政与实践教育的结合。第三，加强课程思政与学校文化建设的衔接。学校应该注重营造良好的思政教育氛围，让学生在学校的文化氛围中接受思政教育的熏陶。

加强中外合作办学中课程思政的协同育人，促进学生全面发展和推动国家意识形态建设，需要建立课程思政与专业教育、实践教育、学校文化建设和社会实践的衔接机制，形成一种有机的教育体系，让学生在不同的教育环节中接受思政教育的熏陶，从而全面发展，并为国家的发展和繁荣做出贡献。

◆◇ 参考文献

[1] 朱彦彦，赵加强.中外合作办学思想政治教育工作探讨[J].河南大学学报（社会科学版），2022，62（2）：117-122.

[2] 刘扬，王雨琦.中外合作办学大学生对中外教师教学的满意度：水平、影响因素及提升策略[J].北京航空航天大学学报（社会科学版），2021，34（1）：158-164.

[3] 刘志杰.中外合作办学院校课程思政建设的困境与对策研究[J].教育科学，2022，38（5）：52-58.

[4] 朱彦彦，赵加强.中外合作办学与课程思政协同育人的发展进路[J].河南师范大学学报（哲学社会科学版），2022，49（5）：144-149.

[5] 林金辉，凌鹊.中外合作办学高质量发展:政策轨迹和政策供给[J].高校教育管理，2021，15（6）：1-12.

[6] 李小红，杨文静，经建坤.马来西亚高等教育在地国际化的实践及启示[J].高教探

索，2022（5）：90-97.

［7］ 汪建华，胡珍，李永智，等.元治理下的"管、办、评、服、研"五联动：上海中外合作办学三十年发展之经验与思考［J］.教育发展研究，2021，41（23）：30-35.

［8］ 李敏，郝人缘，韩双淼.国际比较视阈下的研究型大学国际化战略研究［J］.浙江社会科学，2021（4）：146-154.

［9］ 郭强，张舒，钟咏."双一流"建设高校中外合作办学的路径反思［J］.高校教育管理，2021，15（3）：35-44.

［10］ 刘言正，孙灵通.中外合作办学背景下高校党建工作面临的问题及对策探析［J］.思想理论教育导刊，2022（9）：155-159.

新商科数智类课程教学
体系构建与实践

——以中外合作办学中的会计专业为例①

◎ 康　鹏　张胜强　王轶英　张微微　王子奥

（辽宁大学新华国际商学院）

摘要：面对中国教育高质量发展要求，为满足数智经济对具备数智技术相关素养的复合型人才的需求，本文分析商科专业课程教学体系现存的问题，以中外合作办学中的会计专业为研究对象，构建基于"基础、实践、素养"融合发展的会计专业数智类课程教学体系，进行专业课程及校企合作教学设计，并在辽宁大学开展实践活动。本文可以为我国新时代下提高中外合作办学中商科教学质量提供建议参考。

关键词：数智经济；新商科；课程教学体系

◆ 一、引言

伴随着大数据、商业智能、云计算等新兴技术在经济社会各领域中的应用，企业决策不再依靠经验和直觉，基于数智融合的管理能力构成企业面向未来的核心竞争力，企业发展进入数智经济时代[1]。数智经济是以使用数字化的信息作为关键生产要素，以现代化信息网络作为重要载体，以智能化算法为重要工具来提升生产运营效率和优化经济结构的一系列经济活动的总称[2]。各大企业对既掌握商业专业知识又具有数智技术相关素养的复合型人才的需求显著增加。

经济文化交流及科技创新，离不开国际化高素质人才作为坚实的支撑和后盾。2022年，我国召开全国高教处长会，提出要以高质量发展为主题主线，调整优化学科专业结

---

① 辽宁大学本科教学改革研究项目（JG2018ZC73）；辽宁大学新华国际商学院教改项目。

构，实施新时代高等教育育人质量工程、高等教育数字化战略行动，让中国高等教育质量更高、实力更强、品牌更亮[3]。中外合作办学机构可充分利用多元化资源和师资力量，积极分析现有教学体系中存在的问题，创新课程内容设计及教学模式，探索数智人才培养，以应对数智浪潮带来的一系列机遇和挑战。

◆ 二、数智经济下商科专业课程教学体系现存的问题分析

当前，企事业单位的智能化管理、金融部门的智能化分析、会计师事务所的智能化审计等新工作不断涌现。就企事业单位而言，未来将会出现智能核算师、智能工程师、智能运营师和智能规划师等新兴岗位。面对这些新的人才需求情况，目前来看，商科专业课程教学体系存在如下问题。

（一）课程体系中缺乏数智类课程

新商科人才培养目标要求课程设置符合新时代的知识技能要求，突出新商科的"新"，紧跟新时代经济发展的步伐，使课程内容与社会需求相匹配，体现出国家和区域经济发展的战略方向和人才需求，为经济建设服务，形成与之相适应的新商科课程体系。各商科专业应在原有经管类课程的基础上，增设数智类课程，体现出行业业态中的新理论、新技术、新方法，毕业培养要求体现出新商科面对智能管理、数据管理相关人才培养目标的达成[4]。

（二）课程体系中各教学内容、教学方式之间缺乏关联性

一直以来，大学很多教学内容以课程为单位进行教学。课程与课程之间缺乏前后衔接，造成学生学习内容的"孤岛化"，学生对知识的综合应用能力欠缺。数智类教学内容具有典型的综合性，既要讲授基础理论，又要重视企业实际案例的学习及学生自主实践过程。如何融合多门数智类课程及培养方式，协同设计多知识能力点覆盖的教学内容及教学活动，使多门课程的教学内容满足新兴信息技能及知识需求，形成协同教学与学习机制，构建多课程教学内容彼此关联、前后衔接、彼此配合的教学体系，是商科相关专业开展教学改革的重要内容。

◆ 三、中外合作办学会计专业数智类课程教学体系改革与实践

根据辽宁大学新商科建设指导意见，辽宁大学新华国际商学院作为中外合作办学的典型代表，做出多方面的改革与实践：开展会计专业的数智课程教学体系建设与实践活动，变革传统会计专业课程体系，在会计专业教学内容、教学方法等方面进行数智类课程建设与创新。

（一）会计专业数智类课程建设

面对财会类岗位需求的新变化，会计专业需培养出符合新岗位需求的人才，首先需要在课程体系方面增加数智类课程。辽宁大学新华国际商学院作为辽宁大学对外办学的重要平台，为培养符合新时代要求的会计专业复合型国际人才，进行教学体系改革，研究增设数智类课程及相关教学内容。

为设计科学反映市场实际人才需求的教学内容，项目团队开展了如下调研：首先，对"前程无忧"等综合招聘类网站中"财会"岗位的"任职要求"文本信息进行收集，提取对财会从业人员知识、工具、能力、经验四个维度的人才培养要素[5]；其次，对财会专业相关毕业生工作情况进行调查，了解目前企业实际岗位需求；再次，对财会类高校人才培养方案进行调研；最后，对多名财会类高校教师进行访谈。综合以上调研结果，辽宁大学新华国际商学院会计专业的项目团队经过反复研讨，设计三门数智类课程，即"会计与商业智能""大数据与风险管理""财务软件设计"。

会计与商业智能课程基于智能会计信息系统，讲授会计与信息化、智能化技术融合的理论与应用实践。帮助学生理解数智经济时代对会计工作提出的新要求；了解智能会计信息系统的产生与发展；掌握会计信息系统的开发方法、设计思想、结构与主要功能；熟悉常用会计信息系统的主要运作流程，能够运用当前企业主流会计系统处理基础会计业务，包括总账管理、应收应付账款管理、固定资产管理、采购销售管理等；帮助学生树立正确积极的世界观、人生观、价值观，形成符合规范的会计人员职业行为习惯。

大数据与风险管理课程在介绍大数据相关理论知识的基础上，讲授大数据时代企业风险管理流程、方法及典型案例实践。课程介绍大数据相关理论知识、企业风险管理的基本理念，重点分析在信用风险、市场风险、资产、采购、销售等多类型风险管控中大数据系统的应用。本课程培养学生大数据思维，结合企业大数据管理系统实践案例，帮助学生掌握大数据技术在企业风险管理中的实践方法。

财务软件设计课程融合财务知识和计算机知识，帮助学生了解运用计算机工具及系统定量分析财务管理问题的方法，通过实践案例操作掌握运用Excel及基于企业资源计划（enterprise resource planning，ERP）的管理会计平台建立各种财务管理模型及分析各种财务问题的技能，覆盖资金时间价值管理、内部长期投资决策、投资项目的风险分析与处置、证券投资分析与决策、资本成本与资本结构分析、筹资预测与决策分析、流动资产管理等内容。

（二）基于"基础、实践、素养"融合发展的会计专业数智类课程教学体系构建

辽宁大学新华国际商学院会计专业的项目团队根据知识培养要素，基于课程内容的

设计，配合毕业论文和就业指导，构建多课程教学内容彼此关联、前后衔接、多教学方法配合的数智类教学体系。

在课程内容设计中，强调多门课程教学内容的融合，形成协同教学与学习机制。在理论课程和实践课程中，由教师协同设计培养要素点覆盖的教学内容，破除课程间的壁垒，在课程教学设计中增加综合性任务，把多门课程内容整合在一起，使教学效果达到最优，提高学生的整体学习质量。采用"理论基础—方法实践—素养提升"逐步递进培养方式，将理论课程、实践课程、毕业论文指导、就业考研指导多个模块整合于一体。

会计专业在大二下学期开设"会计与商业智能"专业课，理论讲授会计系统化、智能化管理基础理念，通过上机实践设计，培养学生智能会计信息管理基础操作能力，帮助学生体会智能会计系统在企业财会业务中的应用。在大三上学期，开设"大数据与风险管理"选修课，引导学生掌握大数据技术在企业管理尤其是风险管理中的典型应用，通过企业实际大数据系统典型案例开展案例讨论和案例分析。在大三下学期，开设"财务软件设计"上机实践课，通过多个实际问题的提出，要求学生在计算机实验室通过Excel及ERP管理会计平台实际操作分析企业财务问题，给出数据化分析结果，体验数智化模式如何辅助企业决策。

在三门课程学习的基础上，在大四上学期规划多个财会数智类相关毕业论文题目，引导学生根据自己的兴趣点，开展相关研究，撰写毕业论文。同时，结合学生需求，为学生提供就业指导和实习指导，引导学生选择合适的数智类专业方向就业和继续深造。

辽宁大学新华国际商学院会计专业数智类课程教学体系如图1所示。

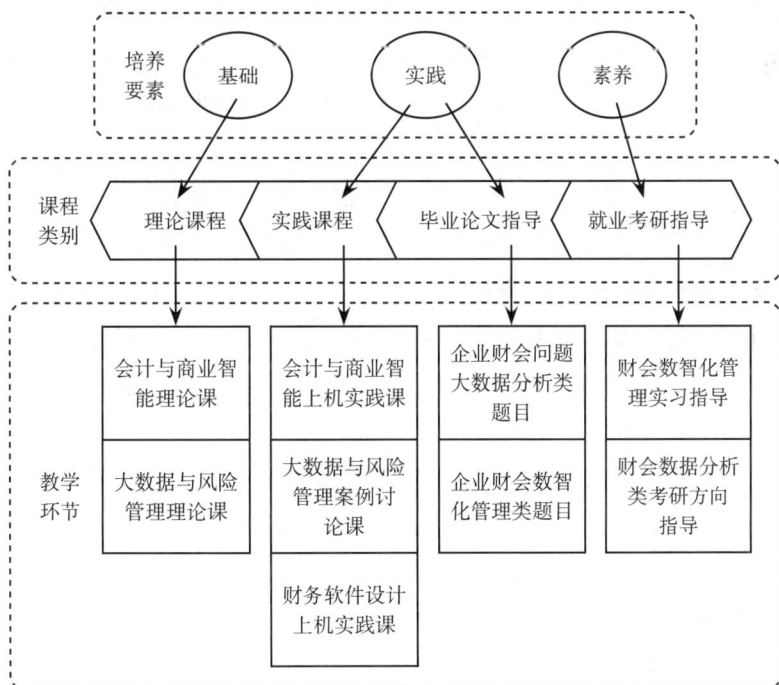

图1　辽宁大学新华国际商学院会计专业数智类课程教学体系

（三）面向企业数智化管理实际的校企合作实践教学设计

在实践课程中，为提升实际教学效果，经过多年的积累，辽宁大学新华国际商学院会计专业建立了与新道科技股份有限公司的合作，采用新道科技股份有限公司提供的与企业实际接轨的管理会计一体化平台开展教学实验。2020年使用教学试用版，2021年在学校大力支持下购买正式商业版。新道科技股份有限公司是用友集团的重要成员企业，与全国超过3500所院校共建实践教学基地。新道科技股份有限公司提供的实践平台与用友ERP U8软件系统无缝衔接，支持100个站点也就是100人同时在线。

运用该平台，辽宁大学新华国际商学院学生在学习的过程中，以小组或个人为单位完成总账会计、出纳、采购员、销售员、仓管员、存货核算员等多个不同角色的操作；通过精心设计的一系列实验，帮助学生理解计算机处理会计业务的特点，掌握ERP管理系统的工作原理，提高综合业务处理能力。用友ERP-U8软件是当前国内用户群最多的软件产品，包括企业数智化管理的各个方面。学生实验采用与企业运用完全相同的财会数智化管理软件，使学生直接了解真实企业。学生不仅可以掌握软件操作方法，还可理解和掌握企业生产流程、采购流程、销售流程等业务流程，充分培养学生自发性地去思考、探究、解决问题的能力。例如，资金管理岗位实践内容包括投资决策分析（如进行财务可行性评价，并做出合理决策）、筹资决策分析（如资金需要量预测分析、计算资本成本）、财务预算编制（如现金预算编制、预计利润表编制、预计资产负债表编制）。

辽宁大学新华国际商学院与新道科技股份有限公司合作，运用新道科技股份有限公司提供的管理会计平台开展课堂教学的同时，引进新道科技股份有限公司提供的教学辅助资源，强调校内专职教师和校外企业的协同配合，综合发挥校内教师与校外企业的优势。

（四）实践情况

1. 数智类理论和实践课程开展情况

在相关课程建设前期积累基础上，2020年，辽宁大学新华国际商学院在会计专业开始开设"会计与商业智能"专业课程，其中，课堂讲授28学时，上机实验20学时。学生人数为137人。

在学校文科实验中心大力支持下，实验课程依托新道科技股份有限公司提供的管理会计平台在励行楼207教室布置了实验环境，开展的实验内容包括以下五个方面。

（1）总账实验：主要进行凭证处理、账簿管理、个人往来款管理、部门管理、项目核算和出纳管理等。

（2）UFO报表管理实验：运用报表生成工具，自由定义各种财务报表、管理汇总表、统计分析表。通过取数公式从数据库中挖掘数据，也可以定义表页与表页及不同表格之间的数据勾稽运算、制作图文混排的报表。

（3）固定资产管理实验：进行设备管理、计提折旧等。进行固定资产总值、累计折旧数据的动态管理，协助设备管理部门进行固定资产实体的各项指标的管理、分析工作。

（4）应收款管理实验：实现对应收款进行核算与管理。以发票、费用单、其他应收单等原始单据为依据，记录销售业务及其他业务所形成的应收款项，处理应收款项的收回与坏账、转账等业务，同时提供票据处理功能，实现对承兑汇票的管理。应收款管理与总账、销售系统集成使用。

（5）应付款管理实验：实现对应付款的核算与管理。以发票、费用单、其他应付单等原始单据为依据，记录采购业务及其他业务所形成的往来款项，处理应付款项的支付、转账等业务，同时提供票据处理功能，实现对承兑汇票的管理。应付款管理与总账系统和采购系统可以集成使用。

2020年，辽宁大学新华国际商学院会计专业开设"财务软件设计"实践课程，地点为辽宁大学励行楼217室，课程学生人数72人。课堂训练学生运用Excel工具分析各种财务问题。开展的具体实验包括：资金时间价值分析实验、内部长期投资决策实验、投资项目的风险分析实验、证券投资分析与决策实验、资本成本与资本结构决策实验、筹资预测与决策分析实验、流动资产管理实验。

2021年，辽宁大学新华国际商学院会计专业开设"大数据与风险管理"选修课程，以课堂讲授与案例讨论为教学方式，选课人数115人。案例讨论包括风险应对案例、推荐系统应用案例、市场风险案例、企业购销风险案例，选取的企业包括国家电网、京东、东航、海尔集团、平安银行等。

2. 数智类题目毕业论文指导情况

2019—2021年，团队教师在辽宁大学新华国际商学院会计专业毕业设计中指导学生围绕数智模式在财会问题中的应用开展研究。部分数智类毕业论文选题方向如表1所列。

表1 部分数智类毕业论文选题方向

学号	毕业论文题目
176601102	互联网金融企业的财务风险研究
176601108	IT环境下的会计应用
176601118	"互联网+"时代下企业财务管理体系建设转型的研究
176601126	互联网环境下企业财务管理模式创新研究
176601206	面向管理会计应用的大数据方法研究
176601208	人工智能对会计理论与实践的影响
176601213	互联网金融企业的财务风险研究

表1（续）

学号	毕业论文题目
176601222	"互联网+"下物流企业财务管理模式研究
176601408	互联网金融企业的财务风险研究

3. 毕业实习及考研指导情况

2019—2021年，团队教师指导40多人次进行毕业企业实习，运用所学数智类知识，参与企业财会类工作；指导多人申请财会相关数智类专业硕士，帮助多名学生成功获得研究生学习机会。

◆◇ 四、结论与启示

教育需要面向现代化，更需要面向未来。数据化、智能化技术模式推动管理变革，加速管理创新。基于市场需求和课程协同育人机制，开展数智类课程教学体系的教学改革与实践是高校商科专业适应数字时代的需求，推进新时代发展的重要举措。商科专业学生作为未来企业创新的主体，更加需要具备数智类知识基础、实践能力与数智化职业素养。以上教学改革设计与实践应用面向数字时代对数智类人才培养需要，基于前期教学经验积累，通过数智类课程教学体系的教学改革，提升商科专业学生数智化知识水平和实践创新能力，培养学生数智化相关职业素养，取得良好的教学效果。学生在学习期间可以有更多的机会参与综合性练习，能够更好地培养问题分析能力，激发学生创新意识，提升学生综合能力。

◆◇ 参考文献

［1］ 关成华，陈超凡，安欣. 智能时代的教育创新趋势与未来教育启示［J］. 中国电化教育，2021（7）：13-21.

［2］ 王化成，刘桂香. 数智时代的财会人才需求与教育变革［J］. 新理财，2021（9）：37-40.

［3］ 焦新. 2022年全国高教处长会召开［N］. 中国教育报，2022-02-26（2）.

［4］ 孔祥维，王明征，陈熹. 数字经济下"新商科"数智化本科课程建设的实践与探索［J］. 中国大学教学，2022（8）：31-36.

［5］ 张俊峰，魏瑞斌. 国内招聘类网站的数据类岗位人才需求特征挖掘［J］. 情报杂志，2018，37（6）：176-182.

中外合作办学自编英文教材建设研究

◎ 顾书华

（辽宁大学新华国际商学院）

摘要： 中外合作办学作为教育国际合作与交流的重要载体，在教育对外开放和培养国际化人才方面承担了越来越重要的任务和使命。本文从中外课程体系差异、自编英文教材建设及自编英文教材质量与适应性评估三个方面探讨中外合作办学自编教材的建设问题。

关键词： 中外合作办学；自编英文教材

◆ 一、引言

随着经济全球化的进一步深入，我国企业面对的国际竞争挑战正在不断加大，掌握国际化通用知识的专业人才越来越受到重视。这类人才了解国际通用知识并有能力将这些知识结合中国企业的实际需求进行灵活应用，能够帮助我国企业在与国际企业竞争时彰显自身价值，助力我国企业提升人力资本竞争力。

中外合作办学作为教育国际合作与交流的重要载体，在教育对外开放和培养国际化人才方面承担了越来越重要的任务和使命，《国家中长期教育改革和发展规划纲要（2010—2020年)》将中外合作办学的发展列入规划并明确其发展方向和要求，充分显示了国家对教育开放的重视和决心[1]。经过多年发展，我国中外合作办学已经初具规模，下设各种学科，分类近百种。其中，专业性较强的学科如会计学等，更是备受青睐。在中外合作办学双语教学中，教材作为开展教学的重要工具，它的质量不仅深刻影响着中外合作办学的教学质量和效果，还关系到中外合作办学人才培养目标的实现。因此，针对中外合作办学教材建设问题进行研究，不仅可以有效加强教材管理，提高教学质量，更可以为中外合作办学建设打好基础，为实现培养国际化人才目标提供条件。

◆◇ 二、中外合作办学引进教材与教学需求的差异

2011 年，缪娟[2] 总结了目前中外合作办学教材选用的模式——以外文教材为主、中文教材为辅，并对各种教材的来源进行了分析。其中，外文教材又分为原版教材和影印版教材两种。其主要来源分别为国外出版社和国内的高等教育出版社或大学出版社、世界图书出版公司等。中文教材则主要由国内的大学出版社或专业出版社出版。2017年，施卓廷等[3] 提出，在中外合作办学教材引进时需要考虑相关专业的教学模式，选择将理论与实践紧密结合的教材。

然而，在实际教学选择教材的过程中，由于中外双方在法律、经济、文化等背景上存在差异，引进教材中的内容有些不适合我国的国情。

（一）使用目标差异

不同的中外合作办学专业对教材的使用目标有时存在差异。例如，会计专业的某些课程教材的使用目标是作为讲授的工具，教师讲解及学生学习、练习、复习等都使用同一本教材，考试的内容也围绕着该教材进行。而另一些专业的课程，根据专业及特定科目的特点，旨在培养学生的灵活性和批判性思维，考试形式多为需要学生基于学习的理论知识进行分析阐述[4]。例如，管理、营销等专业的某些课程教师在授课时会针对某一个观点选取多本教材的不同理论观点及案例进行介绍。在这种情况下，教材就成为一种丰富学生观点的工具。刘平等[5] 总结了中外教学模式的差异，不同的教学模式导致中外对教材的概念、理解、定位都不相同，所以，在中外合作办学中直接引进国外原版教材无法达到中国教学模式下的教学要求。

2020 年 5 月 28 日，教育部印发的《高等学校课程思政建设指导纲要》指出："专业课程是课程思政建设的基本载体。要深入梳理专业课教学内容，结合不同课程特点、思维方法和价值理念，深入挖掘课程思政元素，有机融入课程教学，达到润物无声的育人效果。"[6] 为贯彻落实我国教育人才培养的目标，培养有中国特色的国际化人才，要将这些要素融入日常的教学模式中，对于教材的选取，要更针对中国特色人才培养的要求，而直接使用国外的教材很难满足这一需求。

（二）课程体系差异

中外合作办学中引进原版教材，是为了借鉴、学习国外先进的知识理论。国外的教学体系中也有关于价值教育的体现，这种价值教育多体现在课程体系中设立价值观、职业道德、社会道德等内容或科目，在国外教材上也可以看到与专业相关的职业道德决策的讨论部分[7]。这些在教材中体现的价值观或道德体系与一个国家的政治、历史、文化等密切相关，在这些背景有差异的情况下，直接引用国外的原版教材就不能够满足我国

的国情需要。提升中外办学合作项目的专业课程教育水平，要考虑不同专业的学科特色，同时需要融入专业体系中的思想价值，目的在于培养和提升学生的思想道德修养、爱国主义情怀等。

（三）专业术语与规则差异

在中外合作办学中，英语水平作为基础，无论是在学生专业课程的学习上，还是在学生未来的发展方向上都有重要作用。引进英文原版教材对学生英语水平的要求较高，特别是在一些专业性较强的专业上，学生难以找到部分专业术语中文对应的准确翻译。学生在遇到问题时不能够有效地利用中文资源进行学习。

国家之间法律、法规的差异，使得直接使用国外原版教材会产生一些不匹配性。例如，会计学专业中的一些法律相关的规定、企业会计准则等标准、常规会计科目设置与流程、企业分类与会计循环等，引进的原版教材遵循的是引进教材所在国的法律、法规、准则等，有些无法与我国现行的法律、法规、准则等相匹配。而在中外合作办学的项目中，学生不仅需要了解国际规则，也需要了解我国的法律、法规。

基于以上多种直接引进原版教材可能产生与教学需求不匹配性的问题，自编教材对我国中外合作办学项目的教学教材建设有着实际的意义。自编英文教材可以根据课程设置的要求选择合适的专业知识内容，同时，将思政元素融入教材，在传授专业知识的同时帮助学生树立正确的世界观、人生观、价值观，以更好地实现人才培养的目标。

◆ 三、中外合作办学自编英文教材的建设

（一）自编英文教材知识框架和内容建设

2020年6月23日印发的《教育部等八部门关于加快和扩大新时代教育对外开放的意见》指出，要积极为全球教育治理贡献中国方案，建立中国特色国际课程推广平台[8]。中外合作办学的自编教材，要以国内教学大纲为基础，结合中国国情，对国外理论知识进行翻译、归纳和总结，精选案例，融入思政元素，编写具有中国特色的国际化课程教材。

目前，我国开展中外合作办学的模式基本分为两种，一种是只在国内学习的单项模式，另一种是国内和国外相结合的组合模式。这两种模式的目标都是使学生通过大学的学习逐步提高英语能力，了解、掌握、应用国际化的知识理论和文化等。基于课程的设置，可以将中外合作办学项目的学习阶段分为基础阶段和深入阶段。基础阶段，指学生的初始学习阶段或低年级教学课程。在这一时期的教学中，除了提升学生对英语的适应能力，还要有针对性地培养学生对国外的教学模式、教学内容和教学方法的适应性。深入阶段，指学生的高年级教学课程或在国外的继续学习。这时的学生通过基础阶段的学习已经具备一定的语言能力和专业理论基础知识。在这一时期的教学中，更注重培养学

生对专业知识的深入学习和应用。

针对不同的学习阶段，教材应该有不同的侧重。针对基础阶段的学习，自编教材时可以尽量使用简单的语法、简洁的句式，侧重点在基础的理论介绍，方便学生适应语言转换进入专业知识学习的空间。针对深入阶段的学习，学生的英语水平和基础知识构建都已达到一定标准，教材编写可以侧重深入理论探索和实际操作，以便让学生能够熟练运用知识法处理实际问题。

针对基础阶段的课程，一些专业性比较强的专业（如会计学），由于各个国家的知识结构、社会背景和执行标准不同，导致缺少专业词汇的中英文对照，可能为学生的学习带来一定的困难。如果可以配套编写专业词语对比类的中外文辅助教材，可以让学生对专业知识进行对比理解，能够帮助学生减少因语言不同导致的理解差异。

在中外合作办学中，引入国外先进的理论知识和优秀的教育教学模式，培养有中国特色的国际化人才一直是我们前进的目标[9]。由于中外文化和教育理念及社会情况的不同，在学习中如何引导确立学生的世界观、人生观、价值观，如何引导教育学生正确认识国内外发展趋势，如何引导学生明确自身的责任，都直接关系到国际化人才的培养，所以思政元素的融入对中外合作办学教材编写有重大意义。在专业课教材的编写中，要根据专业和课程的特点，在学习理论知识的同时帮助学生了解相关专业和行业内的国家规定、政策及战略，引导学生深入社会实际，通过专业案例讲解，展现国内专业发展的历程、现状，让学生着眼于实际，激发学生的责任感，提高学生的专业能力并增强其职业素养[10]。

（二）自编英文教材团队的建设

1.邀请中外合作办学院校的专家和领导参与

国内的教材编写主要是以教育大纲为基础，有固定的框架结构，重在阐述知识系统的逻辑性，给学生构建完整的学科体系的基本原理。自编英文教材的编写不能只针对一门课程的独立教材，而要考虑整体教学大纲和教学框架，以及各个课程之间的联系。邀请院校专家和领导参与编写，除了能在专业知识上给予指导，还能把握教材的编写方向和涵盖内容，加强各教材之间的理论知识联系，构建完整的理论知识基础。

2.邀请有留学经验的教师参与

中外合作办学的根本性目的是培养国际化人才，有留学经验的教师因为其在国外教育体系的学习经验，对国外相关学科、课程的教学体系和内容都有更多了解，邀请这些教师参与，可以更好地提高自编教材的适用性，促进中外知识体系、教育理念等方面的进一步融合。

3.邀请中外合作办学的外籍教师参与

中外在历史、经济、社会模式等方面的差异导致中外双方教师的思维模式及处理问题方式存在差异。中外合作办学的自编英文教材需要发挥培养国际化人才的作用，除了对引进国外的先进知识理念进行学习，还应对国外教育思想思维模式进行探索了解。邀请外籍教师参与不仅能保证教材内容与国外高校教学内容的融合，还能对英文教材编写的规范性提供保障。

（三）自编英文教材的审核体系建设

首先，教材参考资料来源的审核。无论是翻译外文原版图书还是挑选国内教材，保证自编教材质量的前提都是能够拥有足够多的可供选择的参考资料。除了利用学校图书馆的专业馆藏图书，还可以充分利用各种数据平台资源，建立电子图书馆或者电子资料库，扩大自编教材可供参考资料的种类和范围。

其次，教材内容的审核。中外合作办学自编教材要以教学大纲为基础，要与我国的国内课程设计和整体知识框架相吻合，更要符合我国的社会情况和基本规则制度。在教材的专业性上，要保证翻译术语的正确性；在教材的适应性上，要保证规则条款的通用性；在教材的逻辑性上，要保证能够连接搭建完整的知识体系。

最后，教材方向的审核。自编教材的编写不应只针对一门或一类学科，而是应该有更宏观性的建设。在构建整体知识框架的基础上，面向整个课程群进行编写，这样既能解决教材涵盖知识面窄的范围，还能更好地衔接不同课程教材的内容。

◆◇ 四、自编英文教材的适用性评估

进行自编英文教材的建设旨在通过合适的教材提升中外合作办学人才培养的质量，教材的质量与适用性至关重要。评价教材的质量与适用性不仅应考虑教材的专业性、准确性、时效性，也应该本着以学生为中心的教学理念，考虑教材对于学生在事实上是否能够提供帮助，是否有助于学生的理解与学习。针对教材的适用性，可以进行多方面的评价，以确定是否需要对教材进行修订，或者是否继续适用自编英文教材。

（一）自编英文教材需要所在学校院系领导评估认可

随着经济的不断发展，教学风格和教学方式的改革，以及用人单位对于人才需求的改变，课程体系也在不断地完善，课程安排大纲也会随之调整。自编英文教材的适用性需要不断地按照新的形势进行评估。让自编英文教材接受所在学校院系领导评估，不仅可以把握教材编写的方向，还可以更好地使教材与已有课程及专业学科知识体系相融合，提高教材的适用性。学院专家领导提出的修正建议由教材编写团队整理收集，并在教材再版时进行修订。

（二）自编英文教材需要相关专业中外授课教师评估认可

教材是教学工作进行的前提，教师作为一线的教学工作者，对教材内容有最直观的

判断[11]。自编英文教材内容的难易程度、学生的接受程度、与学科课程的匹配性、课程的安排等相关信息，可以通过授课教师的反馈获得。由于中外合作办学采用双语教学和中外教师联合授课的特殊模式，所以自编英文教材须得到双方的认可，外方授课教师针对自编教材进行评价，这样也有助于双方的课程统筹和授课安排[12]。

（三）自编英文教材需要学生反馈认可

中外合作办学的目的是培养国际化人才。学生作为被培养的对象，是主体，所有的教学手段和目的都是围绕学生进行的。在中外合作办学中，大部分都是实行双语教学，对学生的英语水平有较高的要求。学生在上课时，不仅要正常学习专业课知识，还要不断提高自身的英语水平，将英语和专业课知识结合转化吸收。学生作为实践的主体，需要对教材是否有助于学生的学习、语言是否容易理解、知识框架的编写是否便于学生建立知识体系等问题给出反馈意见，教材编写团队将反馈意见进行连续收集，并根据这些反馈意见在教材再版时对教材进行修订，从而进一步提升自编英文教材的质量与适用性。

◆ 五、结语

适合的教材是中外合作办学项目质量的重要保障。自编英文教材的建设虽然复杂，需要投入较多的人力与精力，但是高质量的自编英文教材能够取长补短，兼顾英文教材在知识体系方面的优点与中国授课的需求，对于培养具有中国特色的国际化人才有积极的促进作用。自编英文教材的优势包括：教材编写使用的语言难度对于不同学习阶段的学生更有适用性；结合中国实际国情选择更适合的知识内容；融入思政元素，确立科学观念，形成正确的世界观、人生观、价值观，培养学生的综合素质；满足中外办学培养国际化、多元化思维的要求；等等。同时，自编英文教材的建设也能够促进中外合作办学合作双方即中国与外国教师的专业交流与合作，取长补短、共同进步。

中外合作自编英文教材工作不能一蹴而就，它是一项长久且持续的工程。它应该随着教学内容的改变而改变，随着教学优化而不断深入。自编英文教材建设工作需要学校和教师的共同努力，需要上级领导部门的不断支持，需要学生的积极响应，只有共同探索、多方合作，才能保证教材建设工作的顺利进行，进而提升教学质量，为中外合作办学奠定更好的基础。

◆ 参考文献

[1] 曾佳. 构建应用型地方高校中外合作办学项目课程体系的三个维度 [J]. 教学研究，2020, 43 (5): 41-45.

［2］　缪娟. 中外合作办学教材建设中的问题与对策［J］. 江南论坛, 2011（12）: 54-55.

［3］　施卓廷, 岳好平, 罗怀. 基于比较优势理论的中外合作办学教材引进研究［J］. 江苏科技信息, 2017（26）: 60-62.

［4］　李姗姗, 汪媛媛. 新媒体环境下高校摄影课程的教学改革探索［J］. 科教文汇, 2022（13）: 79-81.

［5］　刘平, 于险波. 高校中外合作办学教材建设研究与实践［J］. 黑龙江高教研究, 2010（5）: 140-141.

［6］　沈玉琼, 李婷婷. 新媒体融入税法与纳税实务课程诚信教育的教学策略: 以柳州城市职业学院为例［J］. 广西教育, 2021（39）: 46-48.

［7］　陈华栋, 苏镠镠. 课程思政教育内容设计要在六个方面下功夫［J］. 中国高等教育, 2019（23）: 18-20.

［8］　刘兴涛. 面向来华留学生的"中国与世界"课程探析［J］. 沈阳大学学报（社会科学版）, 2022, 24（1）: 77-83.

［9］　王倩, 张强, 李淑静. 我国一流大学国际化人才培养途径探索［J］. 新课程研究, 2021（6）: 3-4.

［10］　王璐, 赵敏. 推销策略与艺术课程思政教学的探索与实践［J］. 安徽开放大学学报, 2022（3）: 56-60.

［11］　郝成名, 姚景. 线上线下混合式教学在《储运仪表自动化》中的研究与应用［J］. 办公自动化, 2022, 27（3）: 15-17.

［12］　曾建兰. "双校园"模式下中外合作办学项目教材建设质量保障机制研究［J］. 吉林广播电视大学学报, 2017（4）: 12-13.

中外合作办学模式下学生
自主学习能力培养研究

◎ 张诗瑾

（辽宁大学新华国际商学院）

摘要： 在中外合作办学的背景下，我国高校学生需要具备自主学习能力以更好地适应国外的学习方式。基于自主学习的特点，文章分析了我国高校学生在自主学习方面存在的问题，并提出了解决问题、培养学生自主学习能力的对策。

关键词： 中外合作办学；自主学习；能力培养

◆ 一、引言

伴随着我国教育对外开放的进程，中外合作办学蓬勃发展。中外合作办学为我国高校走向世界提供了平台和机会；同时，通过引进国外先进的人才培养经验和优质的教育资源，也为我国高等教育提供了不同的视角。在此基础上，推进了我国高等教育的国际化。现阶段我国中外合作办学模式多种多样：有在国内读2年，再到国外读2年的"2+2"项目；有在国内读3年，再到国外读1年的"3+1"项目；也有在国内读4年即可取得国外本科学位的"4+0"项目；等等。不论何种项目模式都向学生提供了体验国外教育的机会，不仅包括国外的教育资源，也包括国外的学习方式。国外与国内不同的学习方式使个别国内的学生感受到了压力与挑战。国外大学十分强调学生的自主学习能力，在其教育教学的过程中，教师的作用更多地体现在引导和协助上，而学生在自己的课业学习中有更多自主发挥的空间。虽然国内大学也鼓励培养学生的自主学习能力，但国内的学生对于国外的学习方式还不能完全适应。此外，在中外合作办学模式下，不论学生出国与否，其课程中都会涉及英文教学，这也对国内学生的英语能力提出了更高的要求。在学生克服语言障碍和适应不同学习方式的双重挑战下，如何有效培养学生自主学习能力使其能够在中外合作办学模式下更好地完成学业值得深入探讨和研究。

◆ 二、自主学习的含义及特点

自主学习已经受到了国内外众多学者的关注，学者也对自主学习给出了不同的定义。其中，Holec[1]指出，自主学习是指学习者能够在学习过程中对自己的学习负责的能力，并且学习者愿意对自己的学习负责。许多其他学者也认同自主学习是一种意愿和能力。庞维国[2]认为自主学习涉及"能学""想学""会学"和"坚持学"四个方面，这四个方面也包含了学习的意愿和能力。Holec[1]认为自主学习主要包含五个方面，分别是学习目标的确立、学习内容和进度的确定、学习方法和技巧的选择、对学习过程的监控、对学习效果的评估。在教学活动中，自主学习包括学生能够自我激发学习动机、自主设定学习目标、自主制订学习计划、自主选择学习方法，并能够构建有利的资源环境，从而完成学习[3]。Ke[4]指出，自主学习是一种能够使学生积极主动学习并且有效学习的途径，通过自主学习，学生将会拥有终身学习和可持续发展的能力。

随着教育理论和观念的不断发展，提升学习自主性，培养自主学习者已经成为新时期教育的首要目标[5]。孙芳[3]结合国内外有关自主学习的定义，指出自主学习有五个特点，分别是学习的主动性、学习的创造性、学习的独立性、学习的相对性及学习的反思性。其中，学习的主动性是学生实现自主学习的保障，因为学习动机和学习兴趣是自主学习的前提条件；学习的创造性是自主学习的本质特征，自主学习强调学习既包括对新信息意义的建构，又涉及对原有经验的改造和重组；学习的独立性强调学生在学习中尽可能不依赖他人；学习的相对性指自主学习中所谓"自主"是一个程度，学生在学习的不同的阶段，自主的程度不同，在某方面可能是自主的，而在另一些方面可能是不自主的；学习的反思性与学习效果的自我评估有关，是指学生在学习过程中能够根据学习目标和相关标准对学习效果进行评估、监控和调整，也能够对学习目标和标准进行适当的调整[3]。Li[6]基于相关文献指出自主学习包括以下三个主要特点：第一，自主学习是自发的。由于传统的学习在很大程度上取决于学校、教师及家长的监管等外部条件，学生的学习或多或少都有些被动。而自主学习者选择学习是基于自身的兴趣、热情、被认可的愿望及梦想等，因此其学习是主动的。第二，自主学习是自由灵活的。传统的学习往往会给人一种学习者不能选择学习什么、什么时候学及如何去学的刻板印象，所有这些都由学校及制订教学计划的教师来决定。而自主学习者可以不受他人影响自由选择学习时间、地点、资料、过程及方法，因此自主学习者对于学习有着更加清晰明确的目标。第三，自主学习者是律己的。由于传统学习者的学习是在学校和教师的组织和安排下进行的，他们在很大程度上依赖外部环境，如果外部环境发生变化，那么他们的学习就会受到影响。而自主学习者在学习中扮演着多重角色，包括学习目标的决策者、学习计划的制订者及学习过程的管理者等，因此自主学习者很少受外部环境的影响，并且他们能够调整和控制自己的学习行为。

◆◇ 三、中外合作办学模式下学生自主学习存在的主要问题

对学生自主学习能力的培养已经受到国内外学者和教育工作者的高度重视，尤其是在中外合作办学模式下，培养学生的自主学习能力对其学业的完成起着至关重要的作用。但是，由于教师和学生受到传统教学方式的影响，培养使我国高校学生具有较好的自主学习能力仍然是一项任重道远的工作。在中外合作办学背景之下，我国高校学生的自主学习主要存在以下五方面的问题。

第一，学生存在自主学习意识比较薄弱的问题。受传统学习方式的影响，以及长期以来习惯于以接受式为主的学习模式，学生较习惯于被动式的学习。在传统的教学过程中，教师是授课内容的计划者、安排者和传递者，是课堂的组织者和实施者，而学生作为授课内容的接受者，往往是被动地接受教师教给他们的知识。长此以往，教师主导了教学过程，而学生只是接受知识的客体，其自主学习能力没有得到培养。

第二，学生存在学习兴趣不大、学习动机不明确的问题。学习兴趣直接决定了学生学习的态度，如果学生对学习内容没有兴趣，那么就不会对所学内容进行积极、深入、全面的探索，结果就是学习效果不佳，也就意味着整个学习过程是无效的。此外，学习动机不明确，不清楚为什么学，也会导致学生的学习热情不高，缺乏探索知识的意愿，不利于学习效果的提高。

第三，学生存在自主学习能力不强、缺乏自主学习方法的问题。即便是学生对自主学习产生了强烈的兴趣和热情，如果缺乏相应的能力和方法，那么也不会达到理想的学习效果。自主学习对于课前的预习、课中的学习及课后的复习都有较高的要求。然而很多学生课前不预习，课中只是被动地接受授课内容而缺乏独立思考，课后又不复习，直接导致了整个自主学习过程的失败。

第四，学生存在对自主学习不能持之以恒的问题。自主学习是一个过程，通过将这个过程中的每个环节完成好，并且将各环节衔接好来达到理想的学习效果，需要耐心和恒心。从短期来看，自主学习与传统的学习方式相比需要学生投入更多的时间和精力；从长期效果来看，自主学习培养了学生独立的学习能力，这种能力是能够使学生终身受益的。然而很多学生追求一蹴而就、立竿见影，这些学生若在短期内没有看到学习效果的提升就会出现懈怠情绪，甚至放弃自主学习。

第五，学生的自主学习存在问题，其原因不仅在学生方面，也在教师方面。有些教师在高校学生自主学习中对自我的角色没有清晰准确的定位。其中，有些教师并没有转变传统的教育观念，也没有改变自身在课堂教学中的角色，依然主导着学生的学习过程，没有给学生提供自主学习的机会，限制了学生在学习过程中主体性的发挥；还有一些教师错误地理解了自主学习或者对学生自主学习的能力认识不清，结果就是没有为学生提供必要的引导、协助、辅导和鼓励，因此学生的自主学习效果也并不理想。

◆◇ 四、中外合作办学模式下学生自主学习能力的培养

为了解决在中外合作办学背景下，学生自主学习存在的以上五方面问题，提升学生的学习效果，高校学生和教师应从以下五个方面来培养学生自主学习能力。

第一，培养学生自主学习的意识。将现代高等教育的理念传递给高校学生，改变其传统的学习方式。自主学习能力对高校学生来说不仅仅是完成学业的必要能力，也是他们在未来职业生涯中不可或缺的能力。

第二，提高学生学习的兴趣，明确学习动机。教师在课程的设计上既要目标清晰明确，也要给学生充分的空间自由发挥。教师要做好学习活动的组织者和学习过程的引导者的工作，使学生明白学习的目的，并且使学生对学习内容产生好奇心和兴趣。此外，在学生自主学习的过程中，一旦学生遇到难以解决的问题，教师要做问题的协作解决者并且给予学生支持和鼓励。

第三，教师需要教给学生自主学习的方式和方法。自主学习涉及一系列从预习到复习和反馈的过程，这其中又有各种学习方法。学生只有对自主学习的过程、方式、方法都足够熟悉和了解，并且能够恰当地运用，才能有效地开展自主学习。教师对学生自主学习方式和方法的传授也体现了教师在学生自主学习过程中的引导和支持作用。

第四，培养学生的耐心和恒心。使学生意识到自主学习的效果需要在长期坚持之下才能有所体现。培养自主学习能力不仅对大学学习阶段有重要意义，也会对未来的职业生涯产生深远的影响。

第五，教师需要明确自身在学生自主学习中的角色和定位。教师需要转变传统教育观念并且转变自身在传统课堂教学中的角色，给予学生足够的空间使其能够对自己的学习进行计划、实施、反思、评价等。然而，这并不意味着教师将所有开展学习的责任完全交给学生，学生自主的程度需要教师恰当把握，既不能过多，也不能过少。在学生的自主学习过程中，教师要承担好引导、协助、支持和鼓励的责任，使学生能够更好地完成自主学习。

◆◇ 五、结语

中外合作办学模式下，高校学生的自主学习能力对其学业的顺利完成起着重要作用。在中外合作办学模式下的学习方式要求学生在学习过程中充分发挥主体作用。然而，在自主学习方面，我国高校学生存在自主学习意识比较薄弱、学习兴趣不大、学习动机不明确、自主学习能力不强、缺乏自主学习方法，以及对自主学习不能持之以恒的问题。与此同时，高校教师也存在对自身的角色没有清晰准确定位的问题。只有有效地解决高校师生存在的问题，才能培养学生自主学习能力，使其在大学学习及未来职业发

展中都能受益。

◆◇ 参考文献

［1］ HOLEC H. Autonomy and foreign language learning ［M］. Oxford：Pergamon Press，1979.

［2］ 庞维国. 自主学习：学与教的原理和策略 ［M］. 上海：华东师范大学出版社，2003.

［3］ 孙芳. 浅谈自主学习的含义及理论依据 ［J］. 改革与开放，2011（6）：156.

［4］ KE X X. On cultivating autonomous learning ability for university students based on web ［J］. Theory and practice in language studies，2016，6（9）：1797-1803.

［5］ 项丽丽，丁惠洁. 元认知视角下的学生自主学习能力培养：以中外合作办学项目学生为例 ［J］. 山东外语教学，2013（2）：74-78.

［6］ LI Z. On the cultivation of students' English autonomous learning ability in vocational colleges in Leshan City，Sichuan，China ［J］. Journal of language teaching and research，2017，8（6）：1156-1160.

中外合作办学在高等教育中的研究现状与启示

——基于CiteSpace科学知识图谱

◎ 张　骅

（辽宁大学新华国际商学院）

摘要： 为有效地对中外合作办学的研究现状进行总结，科学地对未来研究趋势进行预测，提出中外合作办学的质量保障因素，本文运用CiteSpace软件，对中国知网中中外合作办学在高等教育领域的研究现状进行可视化分析。研究发现：① 近20年来，学者在该领域主要关注的热点有合作办学模式、双语教学、质量保障、人才培养、国际合作、教育政策、培养模式等方面；② 关注中外合作办学在高等教育中研究的高产机构较多，尤其厦门大学的相关研究成果应予以重点关注；③ 关注中外合作办学在高等教育中研究的高产学者较多，如Invalid教授、林金辉教授等人的研究成果应予以重点关注；④ 通过关键词共现和高被引文献的分析，提出中外合作办学质量保障应集中在加强课程建设、师资队伍建设、教学模式改革等内容。高质量的课程建设，优质的教师团队建设，以及与时俱进的教学模式改革，能够有效地为开展高质量中外合作办学提供保障。

关键词： 中外合作办学；高等教育；CiteSpace

◆ 一、引言

本文采用科学知识图谱分析法，对2001—2022年国内中外合作办学应用于高等教育的文献进行可视化分析。通过科学知识图谱分析法，借助CiteSpace软件，对中文期刊进行主体合作分析、高被引文献分析、关键词共现分析等，分析研究内容的空间结构关系和时间结构关系，了解该领域的信息全貌并预测该领域的发展动向[1]。同时，通过对关键词共现与高被引文献的联合分析，总结出中外合作办学过程中质量保障存在的问题及对策，从而为有效地开展中外合作办学提供质量保障。

◆ 二、研究数据获取

本文所用的分析文献来源于中国知网的核心期刊库和CSSCI期刊库。为了避免数据过多而造成冗乱，影响研究结果，本文选取如下检索方式（表1）。

表1　中外合作办学文献计量和知识图谱分析数据获取方式

检索科目	中文期刊检索设定内容和结果
数据库	中国知网CNKI中CSSCI期刊
数据时间	2001年1月至2022年10月
检索方式	主题词为"中外合作办学"
检索范围	高等教育领域
文献类型	期刊
语言类型	中文
检索结果	539

◆ 三、研究数据分析

（一）关键词共现分析

关键词是论文主要内容的提炼，能够代表性地体现出作者的核心学术思想和观点。本文将Node Type选择为"Keyword"，阈值设置为T50，其余选择默认，得到关键词共现分析图（图1）。图中节点越大，代表关键词共现的频次越多；它们在知识图谱之间的距离越接近，代表文献所研究的主题越接近。为了更详细地分析此研究领域的核心词汇，对核心关键词、词频按年份进行了排序（表2）。

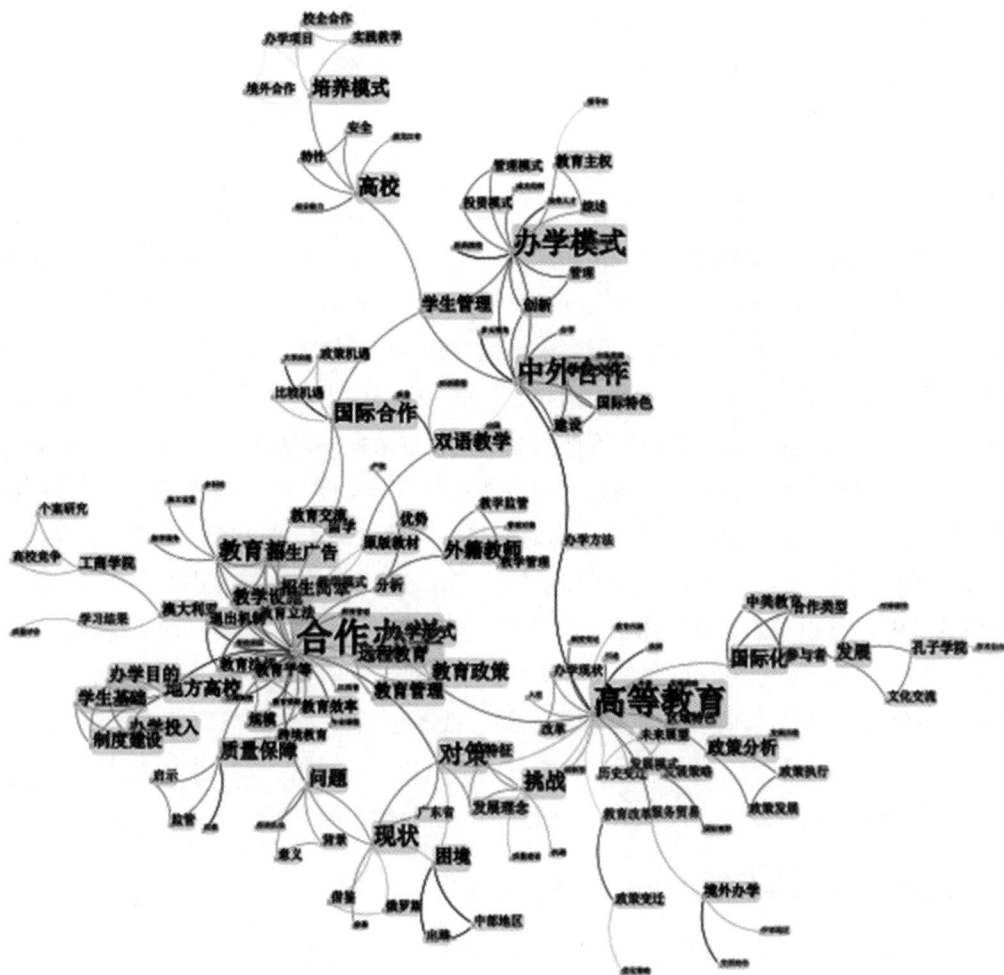

图1　关键词共现分析图

表2　关键词词频统计表

发表时间/年	关键词	词频	发表时间/年	关键词	词频
2002	高等教育	42	2011	大学生	8
2003	合作办学	20	2003	人才培养	7
2006	办学模式	11	2003	现状	6
2002	双语教学	10	2004	国际合作	5
2009	质量保障	10	2005	境外办学	5
2006	国际化	9	2005	教育政策	5
2007	对策	9	2007	教育部	5
2010	中外合作	9	2008	培养模式	5
2003	问题	8			

首先，在中文核心期刊中，学者对于中外合作办学在高等教育中的研究关注最多的是"办学模式"，其从2006年开始成为研究热点。中外合作办学主要的办学模式包括：第一，具有法人资格的中外合作办学机构，通常是独立的一所大学，不是某所大学的分校，也不是某所大学的二级学院；第二，不具有法人资格的中外合作办学机构，一般设在大学里的二级学院；第三，中外合作办学项目，也是目前应用最为广泛的合作办学模式。其次，学者关注较多的是"双语教学"，其自2002年开始成为研究热点。双语教学通过教学和环境，经过若干阶段的训练，使学生的英语或者第二语言能代替或接近母语的表达水平，并且使学生通过第二语言来掌握专业学科的知识。学者普遍关注了双语教学存在的问题、原因、改进措施等。例如，外籍教师与国内学生的交流问题、相关知识的局限性问题、专业汉语知识的缺乏性问题等，通过培训、教材选择、课程设置、授课方式等措施进行干预。再次，学者重点研究了中外合作办学的"质量保障"，其从2009年开始被学者关注，在2013年开始成为研究热点。教育部于2013年颁发的《教育部关于进一步加强高等学校中外合作办学质量保障工作的意见》将中外合作办学质量保障推向研究高潮，其中重点讨论了质量保障总体目标，类别、地区、学科布局结构的优化，优质教育资源的引进机制，办学过程（包括招生、师资、收费）的规范化管理，质量评价体系的完善，质量监管和行业自律的加强，改革创新的推动，分级管理的强化，等等。最后，学者还重点关注了国际化、对策、中外合作、问题、大学生、人才培养、现状、国际合作、境外办学、教育正常、教育部、培养模式等内容。

（二）机构合作分析

通过机构共现分析图能够梳理出研究机构在该领域做出的贡献大小和相互合作关系，其中节点大小代表单个机构发文量的多少，节点之间连线的不同色彩和粗细代表合作的不同年份和关系紧密程度（图2）。本文在对研究文献进行机构共现分析时，将Node Type选择为"Institution"，阈值设置为T50，其余选择默认（表3）。

在中文期刊中，关注中外合作办学在高等教育中研究的高产机构较多。首先，发文量最多的是厦门大学教育研究院，自2007年至今，累计发文29篇；其次，发文量较多的是厦门大学中外合作办学研究中心，自2013年至今，累计发文14篇；再次，厦门大学高等教育发展研究中心发文量较多，自2007年至今，累计发文10篇。在该领域，厦门大学的研究学者做出了较大的贡献。除此之外，天津理工大学国际工商学院、东北财经大学萨里国际学院、北京大学教育学院、南京邮电大学等研究机构发文量也比较多。从图示可以分析出，尚未出现机构间紧密合作的研究团队。

西南大学计算机与信息科学学院
北京科技大学冶金教育科学研究院
中国人民大学

青岛大学黛尔姆斯学院
海南大学马克思主义学院
教育部学位与研究生教育国际合作交流处
山东经济学院
南京大学
吉首大学商学院
天津理工大南开朝鲜太湖海外教育学院
北京师范大学教育科海师范大
上海市教育科学研究院
华南师范大学国际文化学院
上海市教育评估院
南京大学教育研究院
长江大学国际学院
北京师范大学
西安交通大学人文学院
山东师范大学
南京邮电大学
厦门大学教育研究院
中南民族大学外语学院
北京大学教育学院
厦门大学中外合作学学研究中心

浙江大学城市学院商学院
宁波诺丁汉大学
中国民航大学中欧航空教育培养学院
南京邮电大学高等教育研究大学研究中心
北京大学法学院
北京师范大学中国教育政策研究院
中国海洋大学

北京师范大学国际与比较教育研究院
香港中文大学教育学院者
上海交通大学
浙江大学教育学院
北京航空航天大学经济管理学院
上海交通大学高等教育研究院
华东师范大学高教所
东北财经大学萨里国际学院
四川师范大学教育科学学院
上海工程技术大学中德多媒体设计学院
中国教育国际交流协会
太原师范学院
黄淮学院国际学院
南京邮电大学校长办公室　广西师范学院教育科学学院

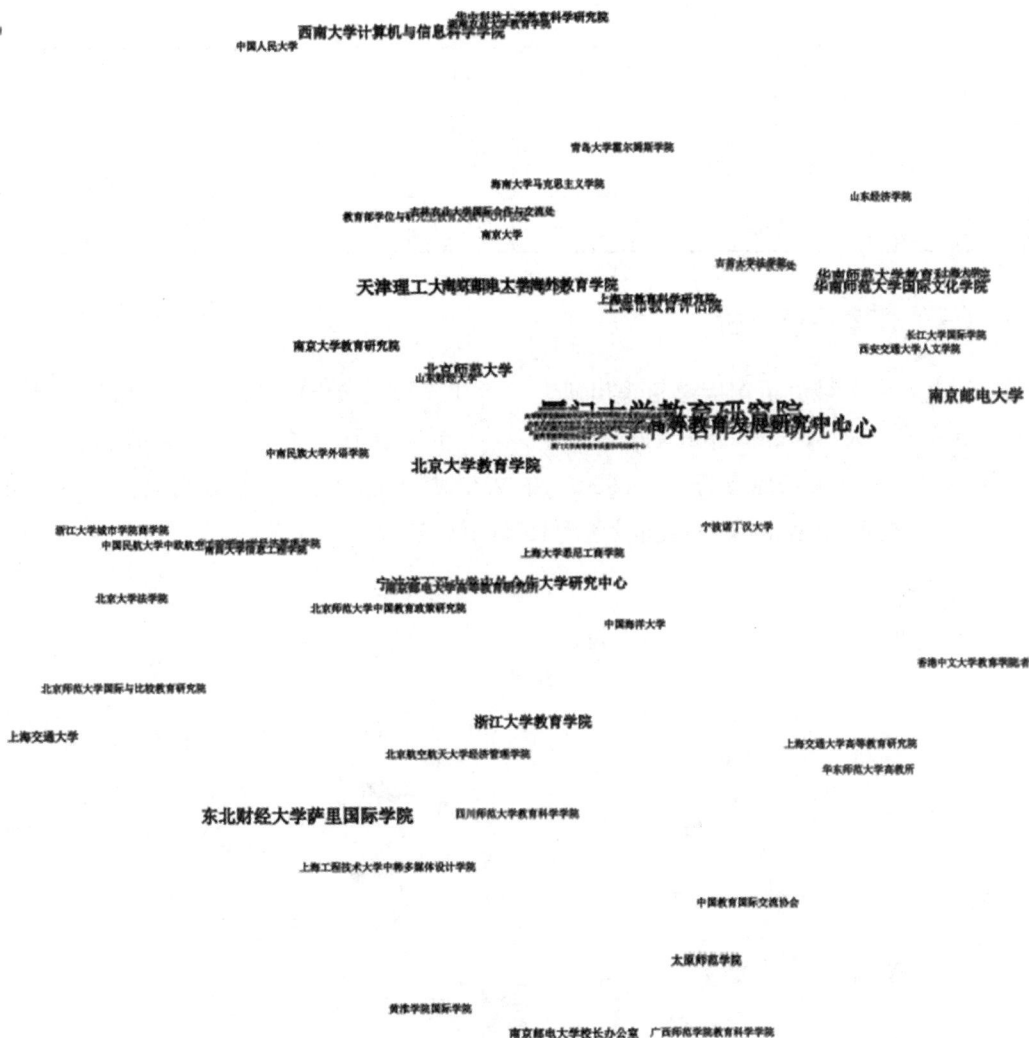

图 2　机构共现分析图

表 3　机构发文量统计表

发表时间/年	发文机构	发文量/篇	发表时间/年	发文机构	发文量/篇
2007	厦门大学教育研究院	29	2006	浙江大学教育学院	4
2013	厦门大学中外合作办学研究中心	14	2007	上海市教育评估院	4
2007	厦门大学高等教育发展研究中心	10	2008	华南师范大学国际文化学院	4
2009	天津理工大学国际工商学院	7	2009	华南师范大学教育科学学院	4
2010	东北财经大学萨里国际学院	6	2013	宁波诺丁汉大学中外合作大学研究中心	4
2007	北京大学教育学院	5	2013	南京邮电大学海外教育学院	4

表3（续）

发表时间/年	发文机构	发文量/篇	发表时间/年	发文机构	发文量/篇
2012	南京邮电大学	5	2017	西南大学计算机与信息科学学院	4
2004	北京师范大学	4			

（三）作者合作分析

通过作者共现分析图能够梳理出研究学者在该领域做出的贡献大小和相互合作关系，其中节点大小代表单个作者发文量的多少，节点之间连线的不同色彩和粗细代表合作的不同年份和关系紧密程度（图3）。本文在对研究文献进行作者共现分析时，将Node Type选择为"Author"，阈值设置为T50，其余选择默认（表4）。

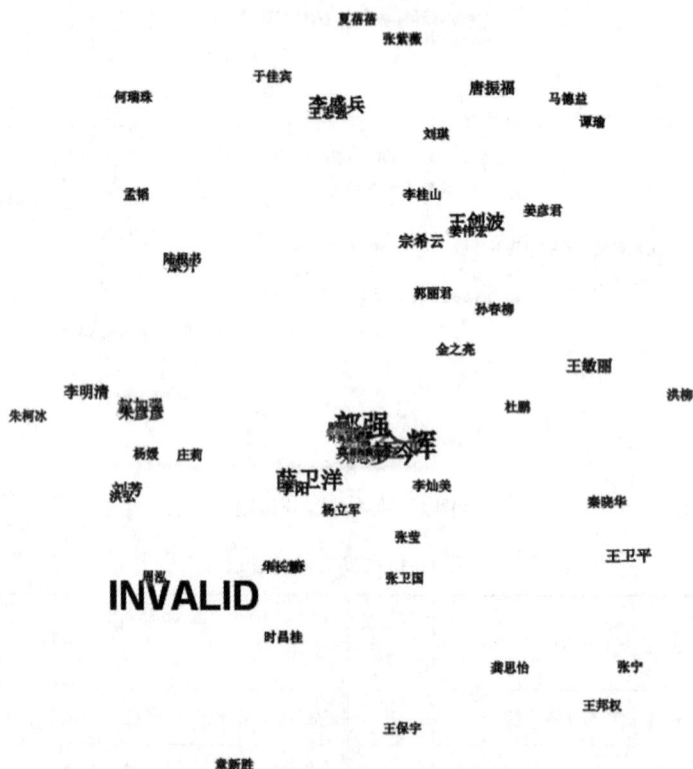

图3　作者共现分析图

表4　作者发文量统计表

发表时间/年	作者姓名	发文量/篇	发表时间/年	作者姓名	发文量/篇
2003	INVALID	34	2013	唐振福	3
2007	林金辉	15	2006	宗希云	3

表4（续）

发表时间/年	作者姓名	发文量/篇	发表时间/年	作者姓名	发文量/篇
2015	郭强	11	2013	康卉	3
2013	刘梦今	7	2020	张舒	3
2015	薛卫洋	6	2022	朱彦彦	3
2008	李盛兵	4	2014	李明清	3
2008	王剑波	4	2015	李阳	3
2021	凌鹊	3	2009	王卫平	3
2007	刘志平	3	2003	王敏丽	3
2009	刘芳	3	2022	赵加强	3

在中文期刊中，关注中外合作办学在高等教育中研究的高产学者较多。首先，发文量最多的是 Invalid，自 2003 年至今，累计发文 34 篇；其次，发文量较多的是林金辉，自 2007 年至今，累计发文 15 篇；再次，发文量累计超过 10 篇的还有郭强，自 2015 年至今，累计发文 11 篇；最后，高产学者还包括刘梦今、薛卫洋、李盛兵、王剑波等人。虽然高产学者较多，但是作者之间的合作关系不够紧密。

（四）高被引文献分析

在对影响力较高的中文文献进行分析时，由于 CiteSpace 无法对中国知网的核心期刊库进行文献共被引分析，本文通过手工整理来展开研究。在中文文献中，对被引用频次最高的 10 篇文献进行了统计（表5）。

表5　中外合作办学高被引文献

篇名	姓名	刊名	发表时间/年
中外合作办学中优质高等教育资源的合理引进与有效利用	林金辉、刘志平[2]	教育研究	2007
中外合作办学中引进优质教育资源问题研究	林金辉[3]	教育研究	2012
我国中外合作办学的现状及其存在的问题	徐洁[4]	中国高教研究	2003
加入世贸组织与我国高等教育	章新胜[5]	北京教育（高教版）	2002
中外合作办学模式初探	杨辉[6]	教育评论	2004
中外合作办学：现状、问题与发展对策	陆根书、康卉、闫妮[7]	高等工程教育研究	2013

表5（续）

篇名	姓名	刊名	发表时间/年
海外孔子学院合作办学模式探析	周志刚、乔章凤[8]	江苏高教	2008
中外合作办学与外籍教师管理问题刍议	王敏丽[9]	黑龙江高教研究	2004
论中外合作办学的质量建设	林金辉、刘梦今[10]	教育研究	2013
关于中外合作办学体制问题的思考	陆劲松、丁云伟[11]	江苏高教	2002

在中外合作办学应用于高等教育的研究中，首先，被引率最高的文章是林金辉等[2]发表的《中外合作办学中优质高等教育资源的合理引进与有效利用》，该论文发表在《教育研究》中，主要提出加强国外高等教育资源资质认证、完善政策法规、发挥政府宏观调控与引导作用，建立健全中外合作办学的监管体制和质量保障机制等，有效促进优质高等教育资源的合理引进与有效利用。其次，被引率较高的论文是林金辉[3]年发表的《中外合作办学中引进优质教育资源问题研究》，该论文发表在《教育研究》中，提出要建立和完善中外合作办学中的各项工作机制，调整引进优质教育资源的战略布局，制定管理的政策措施，探索合作办学的新途径，增强合作办学的主动性，建立引进优质教育资源的统筹协调机制，同时要加强财政和资金投入，营造良好的社会环境和氛围，建设高素质中外合作办学人才队伍，加强中外合作办学理论研究。再次，徐洁[4]在《中国高教研究》上发表的《我国中外合作办学的现状及其存在的问题》，提出了我国中外合作办学中存在的一系列问题，具体包括教育主权问题、外方合作者的资质和水平问题、对中外合作办学的监管问题等，并提出了相应的解决对策。在高被引的10篇论文中，《教育研究》《中国高教研究》发文量最多，说明这两本杂志对中外合作办学在高等教育中的研究较为关注。

◆◇ 四、研究数据结论与启示

（一）课程建设是中外合作办学质量保障的核心

课程建设是提高中外合作办学质量的根本途径和载体，中外合作办学引进优质教育资源、实现培养国际化人才目标的根本是课程。课程建设具体包括课程目标、课程结构、课程实施、课程评价等一系列内容。当前中外合作办学过程中存在一些问题。首先，外方课程引进数量不够，许多合作办学主体在专业核心课和全部课程的安排中，将外方课程所占比例设置成小于1/3，导致在广度和深度上无法承载专业所需的国际前沿知识。其次，课程结构设置存在不合理，系统性缺乏，未考虑课程结构对学生、学科、社会的适应性。再次，由于外籍教师在华时间有限，存在集中授课的情况，学生在短时间内很难消化学习内容。最后，课程文化冲突的问题，课程建设目标、内容、过程、背景等存在冲突。针对这些问题，第一，应严格确保外籍教师所授课程大于等于1/3的基本要求，增加外籍教师授课比例，并且确实引进外方优质的课程资源，提高数量的同时保证质量；第二，优化课程结构，提高合作主体对引进外方课程的消化、吸收、融合、创新能力，从整体上进行课程的统筹规划；第三，改变外籍教师集中授课的情况，加强中方教师与外籍教师的合作，通过实时教学资源共享与讨论，提高课程质量；第四，在课程建设中，通过有效交流，实现优质文化共享，提升文化认同。

（二）科学合理的师资队伍是中外合作办学质量保障的重点

师资队伍建设是解决中外合作办学教育活动中"谁来教"这一重要问题的重要手段。当前，一方面，外方教师比例过低，一些项目的授课教师中甚至完全没有外方派遣师资。另一方面，一些机构和项目的部分中方教师来自院系和社会上的临时招聘，外方派遣来华的部分教师则并非来自外方合作院校的教师，而是已经退休或者从社会上招聘而来的；很多外籍教师是语言类教师，外方高校派来的专业课教师偏少。外籍专业课教师的缺乏主要是由资金缺乏所导致。针对这些问题，第一，中外合作办学的主体方应有效地开展线上线下混合式教学，实现外籍专业课教师异地授课；第二，对本地外籍教师进行专业的、有效的、全面的知识培训和素质培养。

（三）全面提升教学质量是中外合作办学质量保障的关键

在课程、师资和教学三大抓手中，教学主要解决的是"怎么教"的问题，即中外合作办学教师如何教授课程的问题。当前存在的问题主要有：首先，教学过程存在语言障碍。中外合作办学国际化人才的培养目标，要求学生外语水平较高。然而，很多学生由于外语基础薄弱，语言学习能力偏弱，在对国外课程的学习上较为吃力。其次，教学组织形式和方法适应性仍有待提升。国外教学组织形式和教学方法一向被认为是更容易提升教育质量的，然而其在中外合作办学实践中的适应性却仍需提升。外籍教师课堂教学更注重互动、讨论，对系统知识的传授相对不太重视，这让长期处于"接受式"教育的中国学生感到课程教学时间浪费和信息量不够。最后，教学质量评价仍处于缺位状态。当前，中外合作办学机构和项目的教学评价主要由教师给学生做出，而对教师教学质量的监督远远没有到位。针对这些问题，第一，良好的语言基础是保障专业课教学质量的前提，应该加强学生的语言培训，并且可以适当在入学准入资格上提高语言要求；第二，在教学过程中，尽可能安排外籍教师和国内教师共同授课，或者由国内教师承担助教工作，将"互动式"教学和"接受式"教学进行双向融合；第三，对教学质量进行综合评价。设计合理有效的教学质量综合评价体系，对课程进行全面的绩效考核，这是发现问题、分析问题、解决问题的有效途径。

◆◇ 参考文献

［1］ 侯剑华，胡志刚. CiteSpace 软件应用研究的回顾与展望［J］. 现代情报，2013，33
（4）：99-103.

［2］ 林金辉，刘志平. 中外合作办学中优质高等教育资源的合理引进与有效利用［J］. 教
育研究，2007，28（5）：36-39.

［3］ 林金辉. 中外合作办学中引进优质教育资源问题研究［J］. 教育研究，2012，33
（10）：34-38.

［4］ 徐洁. 我国中外合作办学的现状及其存在的问题［J］. 中国高教研究，2003（10）：
60-62.

［5］ 章新胜. 加入世贸组织与我国高等教育［J］. 北京教育（高教版），2002（3）：4-10.

［6］ 杨辉. 中外合作办学模式初探［J］. 教育评论，2004（4）：4-9.

［7］ 陆根书，康卉，闫妮. 中外合作办学：现状、问题与发展对策［J］. 高等工程教育研
究，2013（4）：75-80.

［8］ 周志刚，乔章凤. 海外孔子学院合作办学模式探析［J］. 江苏高教，2008（5）：32-35.

［9］ 王敏丽. 中外合作办学与外籍教师管理问题刍议［J］. 黑龙江高教研究，2004（9）：
48-50.

［10］ 林金辉，刘梦今. 论中外合作办学的质量建设［J］. 教育研究，2013，34（10）：
72-78.

［11］ 陆劲松，丁云伟. 关于中外合作办学体制问题的思考［J］. 江苏高教，2002（1）：
80-82.

中外合作办学背景下的
学术英语课程需求分析

◎ 张　楠

（辽宁大学新华国际商学院）

摘要： 学术语境多元化和学科领域专业化推动了学术英语的长足发展。本文基于需求分析理论，通过开展问卷调查，探讨中外合作办学背景下的学术英语课程的目标需求与学习需求，以期探究学术英语课程的高质量教学路径，为中外合作办学项目中学术英语课程体系建设提供良好借鉴。

关键词： 中外合作办学；学术英语；需求分析

◈ 一、引言

随着我国高等教育国际化的持续深入，中外合作办学将国内教学与国际教学有机结合，为越来越多的学子提供了多样化高等教育的机会，成为高等教育交流的重要形式之一[1]。英语作为学术交流和教学语言的趋势不断增强。《大学英语教学指南》（2020 版）指出，语言教学活动着重解决学生在专业学习过程中遇到的语言问题，以培养与专业相关的英语能力为教学重点。由此可见，学术英语逐渐成为创新人才培养的热点，也受到学术界研究者的关注[2-5]。但基于中外合作办学背景下开展的有关学术英语课程需求的研究还鲜有，因此，本文将以中外合作办学为背景，依据需求分析理论，通过问卷调查探究大学生现有英语能力和学习需求之间的差距，从而探知出学生对学术英语课程的需求。

◈ 二、学术英语课程的内涵

学术英语（english for academic purposes，EAP），泛指学术语境下开展各类学习和交流所需的英语，是专门用途英语的重要分支。20世纪60年代，英国文化委员会（British Council）资助大量发展中国家的学生赴英国学习，因此短期培训课程增加。以Halliday、McIntosh和Strevens为代表的学者开始探索传统英语教学中出现的新需求，提出语言学的任务是基于特定人群和特定语境下的语言实例，并对服务于包括学业学习和学术交流在内的专门用途语言特征进行分析。根据Swales[6]的研究，学术英语研究可追溯到Barber于1962年对科技语篇词句特征的分析。到20世纪80年代，学术英语研究逐渐成熟，并进入中国等亚洲国家的外语教学与研究范畴。例如，1983年，李小龙论述了学术英语在我国大学英语教学中的倾向性；1986年，戴炜华探析了科技类学术英语的语言特点。学术英语不仅强调语言技能和有效交际策略，还注重培养批判性思维与跨文化交际等学术能力与素养；学术英语成为外语教学与研究的重要方向[7]。可见，学术英语研究发端于学生对学术语言的需求，着眼于解析文本和话语实践，最终反哺课堂教学。如何应对高等教育国际化的挑战，大学尤其是综合性大学如何使自己的大学英语教学适应专业课程教学语言的调整，培养学生全英语教学所需要的学术英语能力，是中外合作办学教学中有待解决的问题。

◆ 三、理论基础与研究方法

（一）理论基础

需求分析是指在课程设置和教学的过程中，教师以学生发展为中心，深入调查分析学生的主客观需求，从而确定学生学什么和如何学的问题[8]。以国际化课程为核心，以培养学生具有国际竞争力为目标的全英语教学正在我国越来越多的大学开展。

1987年，Hutchinson等[8]以学习者为中心提出需求分析理论，认为课程设置应考虑学习者的目标需求和学习需求，并针对目标需求和学习需求对现状和环境进行分析。其中，目标需求指目标情境中所需要的知识和技能，以及学习者在学习过程中的态度，强调学习者该学什么；学习需求指学习者的现有语言水平、学习条件、学习观念和动机，以及对下一阶段学习的要求与期待等。本文结合中外合作办学的特点，对目前大学生的目标需求与学习需求进行分析。

（二）研究方法

本文旨在了解学生对学术英语的需求程度、学生使用英语进行专业学习中存在的困难、学生对目前学术英语教学的满意程度三个方面的内容。本次调查采用蔡基刚[9]的研究方法对中外合作办学项目的学生展开调研，共计20题项，采用Likert 5点计分方式，发放150份问卷，回收有效问卷122份。

◆◇ 四、结果与讨论

目标需求强调学习者学什么，任何教学活动都需要有明确的教学目标，对中外合作办学而言，学术英语课程的开设是为满足学生用英语从事专业学习和研究的需求[9]。调查结果显示，当问及"学术英语学习的主要目标是什么"时，学生较在意的分别是"为全英文专业课程做准备"（占比64.75%）和"为修满课程学分"（占比53.28%），说明学生已充分认识到掌握英语技能的重要性和迫切感。

学习需求中，首先，对学生的自我语言水平认知进行了调查，以了解学生在学术英语课程学习过程中面临的困难。调查发现学生学术英语能力较为薄弱，在"用英语进行专业报告和小论文写作"（占比82.79%）和"用英语进行论文的口头陈述和参与学术讨论"（占比74.59%）两方面，学生表示难度较大。其次，在英文专业课学习和听英文讲座时，超过一半的学生表示听不懂内容导致笔记无法有效记录。最后，存在阅读原版教材和专业文献速度较慢，以及文化差异导致与外籍教师沟通不畅的情况。由此可知，中外合作办学项目中学生的学术英语学习能力还有待提高。本文从两个方面考查学生对学术英语课程的满意度。第一，对教学材料的满意度。由调查结果可知，学生对学术英语课程所使用的教学材料满意度不高，45.08%的学生被问及此题时表示不确定，说明在教学过程中教学材料的使用并未发挥充分的效果。第二，对不同课程教师授课方式的满意度。66.39%的学生表示满意，81.15%的学生表示在有疑问时能顺利向教师寻求帮助与解答。

作为专门用途英语的重要分支，学术英语课程设置应同样遵循以学习者为中心的设计原则[10]。由于学校、专业及学生水平的差异性存在，学术英语的课程设置不能一概而论，可以专业相关材料为依托，帮助学生实现专业词汇与表达的存储增量；设置互动课程环节与学术交流平台，提高学生口头表达能力；择取适用的专业文献和案例，全方位地帮助学生提升阅读理解能力，通过对案例的分析与文献的解读，促进学生思辨能力的养成。学术英语虽源于教学实践，但并非囿于语言课堂，而是形成了具有特定旨趣和研究脉络的学科领域。本次调查结果在一定程度上反映出国内外学术英语研究趋于顺应性立场[11]，侧重培养学生有效参与学术共同体话语实践的表达能力，但缺乏批判性立场，少有引导学生反思这一参与过程中共同体话语实践的排他性、考问共同体成员语言及文化资源的不平等性。此外，国内相关研究也有待深入考察中国英语学习者与青年学者的学术素养和学习过程，并进一步挖掘新时期具有中国特色的教育和科研语境对学术英语教学与研究带来的影响。中外合作办学背景下的学术话语能力培养不仅是为了满足专业英语的使用需求，还应培养学生的批判性思辨能力、全球化视野及跨文化适应能力。本文通过对学术英语课程的需求分析，期望为中外合作办学项目中学术英语课程体系建设提供有益借鉴，持续检验学习者语言使用的需求情况，从而设置科学合理的课程体系，推动高等教育国际化进程。

◆◇ 参考文献

［1］ 李韬，赵雯.国内学术英语研究述评［J］.外语电化教学，2019（3）：22-27.

［2］ HSIEH J S C, WU W C V, MAREK M W. Using the flipped classroom to enhance EFL learning［J］. Computer assisted language learning，2017，30（1/2）：1-21.

［3］ 韩晔，高雪松.国内外近年线上外语教学研究述评：理论基础、核心概念及研究方法［J］.外语与外语教学，2020（5）：1-11.

［4］ 胡杰辉，伍忠杰.基于MOOC的大学英语翻转课堂教学模式研究［J］.外语电化教学，2014（6）：40-45.

［5］ 徐锦芬，李高新，刘文波.线上线下融合情境下大学外语教师能力框架构建［J］.外语界，2021（4）：11-18.

［6］ SWALES J. EAP-related linguistic research：An intellectual history // Flowerdew J, Peacock M. Research perspectives on English for academic purposes［C］. Cambridge：Cambridge University Press，2001：42-54.

［7］ LEI L, LIU D. Research trends in applied linguistics from 2005 to 2016：A bibliometric analysis and its implications［J］. Applied liguistics，2019，40（3）：540-561.

［8］ HUTCHINSON T, WATERS A. English for special purposes［M］. Cambridge：Cambridge University Press，1987.

［9］ 蔡基刚."学术英语"课程需求分析和教学方法研究［J］.外语教学理论与实践，2012（2）：30-35.

［10］ 蔡基刚.大学英语是通识教育还是专业教育？再论大学英语教学的专门用途英语定位［J］.当代外语研究，2022（3）：84-91.

［11］ PENNYCOOK A. Critical applied linguistics and education // McCarty T, May S. Language policy and political issues in education［C］. Cham：Springer，2017.